TOMÁS RONCERO

El mejor Madrid de la historia

La plantilla ideal de un club de leyenda

ALMUZARA

Primera edición: abril de 2025

Editorial Almuzara • Colección Deporte y aventura
Editores: Ángeles López y Alfonso Orti

www.editorialalmuzara.com
pedidos@almuzaralibros.com —info@almuzaralibros.com

Editorial Almuzara
Parque Logístico de Córdoba. Ctra. Palma del Río, km 4
C/8, Nave L2, n.º 3. 14005, Córdoba

Imprime: Liberdúplex
ISBN: 978-84-10524-30-9
Depósito legal: CO-357-202
Hecho e impreso en España — *Made and printed in Spain*

Este libro es para ti, papá, que disfrutaste con estas leyendas en tu amplia mochila de la vida. Espero que te guste desde allí arriba. Te quiero.

Índice

El reto de mi vida (nota del autor)

Cuando surgió la idea de hacer este libro, se me pasó por la cabeza meterme a entrenador. En el fondo, todos los que amamos el fútbol ponemos al entrenador en el disparadero. Todos tenemos nuestros gustos, filias y fobias por jugadores intocables que el entrenador de turno deja en el banquillo. Piensas: «¿sabrá de fútbol?». Lo cierto es que sí, saben más, tienen más información e intentan hacer lo mejor para el equipo.

Me he puesto en la piel de Del Bosque, de Zidane, de Ancelotti; entrenadores que saben manejar grupos de chavales, que en muchos casos tienen más dinero que formación personal y profesional. Consiguen que todos remen en la misma dirección sin que se los carguen porque un día, en el que uno ha avisado a todos sus amigos y familiares, lo deja en el banquillo. Me doy cuenta de lo difícil que es eso.

Tengo muy buena relación personal con Del Bosque, aceptable y agradable con Zidane y buenísima con Ancelotti. Me han enseñado la lección de vida de ser entrenador de un equipo como el Real Madrid. Me van a permitir que por una vez me ponga como entrenador y con esta plantilla que voy a relatar, de 32 jugadores, voy a luchar por todos los títulos.

Son 32 porque, como estamos viendo, se puede llegar a más de 70 partidos. Una locura, pero me adapto a los tiempos. Igual que en baloncesto, cuando yo era chaval, las plantillas eran de diez pero dos eran júniors y solo jugaban cinco titulares y dos que jugaban cinco minutos, y ahora tienen quince jugadores. También en el fútbol hay que alargar las plantillas, y lo dejo como idea: plantillas de 32 futbolistas.

Este libro es para plantear cuál es el mejor Madrid de la historia, el mejor club de todos los tiempos. He escogido a 32 y me he dejado fuera a leyendas, pero es lo que tiene el Madrid: podía haber juntado hasta 100 futbolistas.

Me siento un privilegiado. Con estas 32 estrellas, con estos 32 iluminados del fútbol, voy a afrontar el reto de mi vida: ir a por todas.

* * *

El presente libro está plagado de jerga futbolística, modos y giros que la RAE nunca permitiría. Lo sé bien; así me lo ha manifestado mi editora. Pero es un «texto netamente Roncero», tal como me conocen mis lectores habituales y mis seguidores de radio y televisión. Os pido disculpas y os doy las gracias a todos.

PORTEROS

Datos de Iker Casillas

Posición en el campo: Portero.
Partidos oficiales con el Real Madrid: 725.
Internacional con España: 167 veces.

Palmarés

3 Champions Leagues.
3 Mundiales de Clubes.
2 Supercopas de Europa.
5 Ligas.
2 Copas de España.
4 Supercopas de España.
1 Mundial con la sel. española.
2 Eurocopas con la sel. española.

CASILLAS
«Iker, ¿y si César se lesiona?»

Era un domingo de mayo de 2002. Mis padres, mi mujer y yo paseábamos por el barrio de Carabanchel y nos sentamos en una terraza para tomar algo. Era un día de primavera, había sido mi cumpleaños hacía poco y estábamos muy a gusto. Entonces sonó mi teléfono. Era Iker Casillas. Iker Casillas, «el Santo», como le decían. El novio que, en esa época, todas las madres del país querían para sus hijas. Un joven bendecido por los dioses del fútbol, capaz de paradas imposibles. Un niño al que un día, de pronto, lo llamaron para completar una convocatoria para jugar en Noruega contra el Rosenborg, en la Champions. Si no recuerdo mal, en esa época estaban lesionados Illgner y Contreras, solo quedaba Cañizares, así que avisaron al cole de Móstoles en el que estudiaba: «Súbete al avión», le dijeron.

En la vieja ciudad deportiva ya se hablaba de sus cualidades. Casillas no era un portero típico, no era un gigantón; de hecho, algunos lo subestimaban. Los que eran de Illgner, ese portero alemán tan alto, tan serio, decían «mira el enano, ¿dónde va?». Pero Casillas, que pasaba por poquito del metro ochenta, tenía magia, un duende que nadie más tenía.

De milagro en milagro

Si le elijo entre los dos mejores porteros de la historia del Madrid es porque le vi hacer paradas imposibles, milagrosas, de esas que dices «pero ¿cómo ha llegado a ese balón?».

Yo me acuerdo, de pequeño, de haber visto a Arconada hacer algo parecido: parar tiros que iban a la misma escuadra. También se lo vi hacer a Miguel Ángel, sobre todo en el Mundial de Argentina; era un portero bajito, pero felino. Como García Remón en el 73, cuando se ganó el apodo del «Gato de Odessa», porque ese día, según quienes le vieron, hizo paradas inexplicables. Pero son partidos aislados. En el caso de Casillas, sin embargo, podemos contar tantos partidos que nos salvó, tantos encuentros que empezaban con el milagro de Casillas para que, después, el equipo acabara ganando tres a cero...

Ganó su primera Champions en el 2000, un año muy especial para los madridistas. Siento este inciso cruel, pero es que es el año en que el Atleti bajó a Segunda. Y eso que el Madrid hizo todo lo posible por evitarlo. La gente olvida que, de los seis puntos en la Liga, el Madrid solo ganó uno. Perdió 1-3 en el Bernabéu, lo tengo marcado de por vida, y luego empató a uno en el Calderón, que el gol, por cierto, lo metió Solari; el del Real Madrid lo hizo Morientes. El Madrid no pudo hacer más, fue el vecino, el buen vecino, que te permite que ganes 4 puntos para que te salves, y vas y no lo haces.

Fue un verano de felicidad madridista: campeones de Europa, disfrutando como enanos con la irrupción de Casillas, mientras el Atleti bajaba. Además, fue un verano electoral, en el que Florentino irrumpió y sorprendió a todos con el as bajo la manga de Figo. Llegó la era de los Galácticos. Sin embargo, Casillas fue una especie de símbolo que triunfó sin ser galáctico. De hecho, algunos en el club no lo veían con buenos ojos porque él presumía de ser otra cosa: «Yo no soy galáctico, soy de Móstoles».

La vida se complica

Después de ganar la Liga en 2001, le llegó una etapa complicada. En la siguiente temporada, en la 2001-2002, Del Bosque fichó a César.

El Real Madrid había pagado mil millones de pesetas por César; visto desde el fútbol actual, seis millones de euros parece una cantidad pequeña, pero en esa época era importante. Era una apuesta, sobre todo, de Vicente del Bosque, que confiaba en la seguridad que transmitía en el juego aéreo, algo que le faltaba a Iker Casillas en aquel momento. También los pesos pesados del vestuario daban la impresión de fiarse más del portero veterano que del jovencito. Desde la jornada 28 César jugó en la Liga y, cuando el equipo llegó a la final de Glasgow, César ya era el portero titular e Iker estaba lleno de frustración. Le costaba entender por qué Del Bosque había optado por César, sentía que merecía ser el titular en esa final. Estaba tan dolido que le dijo a su madre que no viajase a la final de Glasgow; para qué, si no iba a jugar.

Yo tenía muy buena relación con Iker. La sigo teniendo, pero en esa época aún más porque era muy joven, ingenuo, y a los periodistas nos tenía entusiasmados.

Como decía, era un domingo de mayo y estaba en la terraza de Carabanchel, un barrio popular de Madrid, con mis padres y mi mujer. Me sonó el teléfono: era Iker, el Santo.

Estaba viviendo un momento de rabia, de calentura; era joven, no veía las cosas con perspectiva. Le intenté explicar que aún tenía muchos años por delante, pero él insistió: «No, no, no, no; si esto sigue así, me voy», decía. «Ojalá ganemos, porque el Madrid está por encima de todo, pero el jueves hablo con el club y que me busque una salida», repetía.

Estaba tan obcecado que ya me puse muy enérgico por teléfono: «No hagas gilipolleces; tú no te vas del Real Madrid, tú eres un emblema del Real Madrid, como lo es Raúl», le dije. Le pedí que no dijera tonterías; que era joven y que su momento llegaría. Le recordé que el Real Madrid estaba por encima de todo y que, si César jugaba, él debía respetarlo. «Tú vas a triunfar en el Real Madrid, vas a ganar muchas Champions como titular; esto es una circunstancia pasajera; no me vengas con historias, aguanta, aprieta los puños; por favor, no digas locuras, ¡cómo te vas a ir del Madrid por una final que no juegues!». Quería convencerlo y le dije cosas que no pensaba: «La vida da muchas vueltas y, ¿qué pasa si César se lesiona en el entrenamiento, vas a renunciar a jugar?». Yo solo lo solté para tranquilizarlo. Por supuesto no pensaba, de ninguna manera, que César podría lesionarse; no iba a tener tan mala suerte.

Y efectivamente, César comenzó de titular, pero, las vueltas que da la vida... una lesión lo dejó fuera del partido en el minuto 68, con el Real Madrid ganando 1-2 pero con el Ba-

yer Leverkusen yendo al ataque y agobiando. Casillas, en el banquillo, no lo esperaba. Ni siquiera se había recortado las mangas de la camiseta, un ritual que hacía siempre, y tuvo que cortarlas con unas tijeras, ahí en la banda, mientras esperaba a que César saliera.

Lo que vino después fue una demostración de por qué Iker estaba destinado a la grandeza. Hizo tres paradas milagrosas, tres prodigios, tres hitos que solo él podía hacer, en una final de Champions, nada más salir y aún frío. Tres paradas que evitaron que el Bayer Leverkusen empatara e hicieron que el Real Madrid ganara su novena Champions.

Y nada más acabar el partido, se puso a llorar.

Héroe de España

Había dudado de sí mismo, pero esa noche aprendió una lección de vida: nunca debes rendirte, no puedes tirar la toalla porque, cuando menos lo esperas, una puerta se abre; cuando todo está negro, aparece una rendija y entra un rayo de luz y te da la oportunidad de demostrar lo que vales.

Ya no se le podía discutir y ese verano fue el Mundial de Corea. Ya había ido a la Eurocopa dos años antes, pero de tercer portero. En 2002, con Cañizares lesionado por un bote de colonia, vuelve a salirse, sobre todo tras una tanda de penaltis contra Irlanda, en la que paró dos. El amor hacia él era inconmensurable: se hablaba de él como el Parador Nacional, haciendo referencia a los paradores nacionales, santo y seña de este país.

Tras ganar dos Ligas con el Madrid, en 2007 y 2008, tocó la Eurocopa, con Luis Aragonés al mando de la selección. Llegó el famoso partido contra Italia en los cuartos de final, en el que Iker fue decisivo en la tanda de penaltis, parando dos hasta que Cesc metió el definitivo. A partir de ese momento, Casillas se convirtió en héroe nacional, y no solo para los madridistas, sino también para los aficionados de otros equipos, incluso los del Barça y el Atlético. Era nuestro Casillas, nuestro Iker.

Y qué decir del Mundial de 2010. Iker Casillas fue absolutamente determinante para ganar ese Mundial. Hay dos momentos clave, que para mí son brutales. El primero fue en cuartos de final contra Paraguay, cuando, con 1-1, hay un penalti para ellos; lo tiró Cardozo, pero Iker acertó dónde iba y lo detuvo. Y luego, la final con Holanda, el partido de nuestras vidas. A falta de media hora, minuto 61, 0-0, galopada de Robben —su compañero en el Real Madrid, al que conocía muy bien—, que iba en solitario hacia él. Yo estaba en el palco, emocionado, con Tomás Guasch, Relaño y Juan Cantón. Me acuerdo de que me agarré a las piernas, apretándome, previendo un desenlace fatal porque Robben estaba solo, parecía un penalti. Como era zurdo, le hizo el amago con la cuña y se tiró al lado derecho de Casillas, engañándolo. Y Casillas fue hacia el otro lado, pero llegó el milagro: estiró su pie derecho, a propósito, y con la punta de la bota desvió el balón, córner. Fue una parada increíble, para mí, la mejor de la historia del fútbol, junto con la de Gordon Banks contra Brasil en el Mundial del 70 en México.

Casillas levantó la Copa. Los madridistas tenemos la suerte de tener al hombre que levantó el trofeo, en el periodo de un equipo con mayoría de jugadores del Barça.

Acusado de ser un topo

Y ya no es que fuera héroe nacional, es que querían subirlo a hombros por las calles. Ganaba con el Real Madrid y con la selección, qué más podíamos pedir. Entonces llegó Mourinho, su aliado y su verdugo. Aliado los dos primeros años, porque, aunque Mourinho nunca terminó de confiar plenamente en él por su juego aéreo, le salvó muchos puntos, especialmente en la Liga 2011-2012, la famosa Liga de los Récords: 121 goles, 100 puntos. Todo iba bien, hasta que empieza el tercer año, con el vestuario exprimido como un limón por Mourinho.

El técnico comenzó a criticar a los pesos pesados. Empezó con Sergio Ramos por querer defender a Özil y ya no paró. Contra Casillas empezó en el partido contra el Málaga, justo antes del parón navideño, cuando decidió dejarlo en el banquillo y sacar a Adán, que, aunque no fue su culpa, tuvo una mala tarde: el Málaga ganó 3-1. Eso encendió a muchos madridistas. Tras el parón de Navidad, expulsaron a Adán en el siguiente partido en el Bernabéu y tuvo que salir Casillas, ante la ovación y los gritos de «Iker, Iker» del Bernabéu, mientras que, cuando Mourinho asomaba la cabeza, recibía abucheos.

Pero Casillas sufrió una lesión en el dedo que lo mantuvo fuera durante meses, un infortunio por una patada involuntaria de Arbeloa. El morbo estaba servido porque era de los fieles a Mourinho en el vestuario. Casillas pasó unos meses muy complicados porque, además, se deslizó que era un topo, y más después de que Sara Carbonero, entonces su pareja, dijera en México que Mourinho se iba en verano. Toda la presión cayó en Casillas. Se hizo general lo del topo, cuando en cada vestuario hay siete u ocho topos, que filtran información a periodistas. Además, estaba la guerra de Mourinho con la selección española, que pilló a Casillas en medio, compañero en España de los jugadores del Barcelona.

Se rompió la baraja y Mourinho fichó a Diego López, que no estaba muy contento conmigo porque yo decía que era un gran portero pero siempre creí que Casillas era mejor.

Mourinho, en fin, provocó que se rompiera la relación, que parecía eterna, entre el Real Madrid y Casillas; el matrimonio empezó a tener desavenencias. Había broncas a la hora de comer, disputas por las vacaciones... El amor se había emponzoñado. Hay un partido en el Bernabéu que es el ejemplo de esto: el último de Casillas, contra el Getafe, en la primera etapa de Ancelotti. Se sabía que era el último partido de Iker y parte del estadio le pitaba.

Antes, en la final de la Décima, cometió el mayor error de su carrera, el de Godín. Es un error garrafal de Casillas, pero nos había dado tanto, había sido tan decisivo en tantos partidos, que demonizarle de esa manera no era comprensible. Había madridistas que preferían haber perdido para criticar a Casillas. Por eso Iker le dio un beso a Ramos al acabar la final, porque sabía que, a pesar de todo lo que había conseguido, toda su grandeza con el Madrid, se iba por la puerta de atrás. Ya no quedaban ni cenizas tras el amor.

Tras ese partido contra el Getafe en 2015, Casillas tuvo claro que se tenía que ir. Con Florentino nunca tuvo un *feeling* especial; el presidente quería fichar a Buffon, y no lo hizo porque es inteligente y no podía ir en contra de lo que quería la afición. A Florentino le faltaron dos cromos en la colección galáctica: Buffon y Totti. Con Totti lo intentó, pero él decidió quedarse en la Roma; me hubiera encantado su fichaje y, por cierto, yo lo hubiera apoyado a muerte. Pero, con Buffon, Florentino se dio cuenta de que el Bernabéu adoraba a Casillas, de un modo que hacía imposible traer a otro portero.

La comida que me debes, Iker

Las tiranteces fueron constantes. Hubo una situación muy dura en una renovación de Iker: había mucha diferencia en la postura económica porque Casillas pensaba que tenía un sueldo de canterano cuando era un portero consagrado. En el tira y afloja, recuerdo que una peña de Guadalajara, «Olaf el Vikingo», me llamó; puedo prometer que ellos fueron los que vinieron a mí, no al revés. Sé que alguien del club pensó que esa idea era mía por defender a Casillas.

En el partido que se iba a jugar ese fin de semana en el Bernabéu, contra Osasuna, iban a poner una mesa petitoria en la puerta para que los socios firmaran: «¡Renovación de Casillas ya!». Y, además, tenían que poner el número de socio para que se viera que era algo formal. Entonces, me llamó Florentino, que en esa época hablaba con él cinco veces al día. Me llamó y me dijo: «Oye, ¿pero tú de qué vas? ¿Me quieres poner a la afición en contra?». Le contesté: «No, si esto lo publico porque ellos me han dicho que lo van a hacer. Es noticia, no es un invento mío». El caso es que, después de días de negociaciones, renovaron a Casillas. Y, por lo que tengo entendido, incluso por una cantidad superior a la que pedía y no le daban al principio. Por cierto, aprovecho para decir que estoy esperando que Casillas me invite a comer para darme las gracias por esa renovación. También la peña Olaf el Vikingo está esperando.

Años más tarde, con todo ya roto, se fue al Oporto. Tuvo una buena temporada, pero luego sufrió un infarto y ya dejó el fútbol para siempre.

Fue una pena cómo terminó su última etapa, pero yo siempre me quedo con la botella medio llena y nunca olvidaré al portero de los milagros. Por eso, en aquel domingo de mayo, cuando le colgué después de haberle intentado convencer para que no se fuera, mi padre saltó: «¿Pero ¿cómo se va a ir, está loco?». Mi padre, que vio a Buyo, Agustín, Ochotorena, Miguel Ángel, García Remón... hasta a Juanito Alonso. Estaba, sin embargo, enamorado, como todos, de Iker Casillas.

Datos de Thibaut Courtois

Posición en el campo: Portero.
Partidos oficiales con el Real Madrid: 266 hasta la fecha.
Internacional con Bélgica: 102 veces.

Palmarés

2 Champions Leagues.
2 Mundiales de Clubes.
3 Supercopas de Europa.

4 Ligas.
2 Copas de España.
3 Supercopas de España.

COURTOIS
«Thibaut, perdóname, por favor»

Lo voy a contar todo en este libro. También mis errores de apreciación, mis rectificaciones. Así que empecemos diciendo una verdad como un templo: Thibaut Courtois es, sin duda, el mejor portero del mundo. Pero también es cierto que se tuvo que ganar las habichuelas y el cariño del madridismo, y yo me incluyo en ese sector de gente que fue demasiado dura con él, porque no nos dimos cuenta de que llegaba un diamante para la portería. No hay que olvidar que, cuando el Real Madrid fichó a Courtois, Keylor Navas estaba en una plantilla que, ni más ni menos, había ganado tres Champions con Zidane; el costarricense ganó esas tres Copas de Europa consecutivas como titular, el único portero del Real Madrid que lo ha conseguido. Keylor, que era ya historia del Real Madrid, formaba parte del núcleo de Sergio Ramos, Luka Modric y Lucas Vázquez, o sea, era una persona con peso en el vestuario, muy cariñosa, y que hizo del «pura vida» un eslogan de convivencia.

Insisto y repito, confieso mi error por no haber valorado todo lo que suponía Courtois y todo lo que nos iba a dar en el futuro, pese a lo que queríamos a Keylor. En realidad, fue un error mío: solo tenía que haber echado un vistazo a su pasado. Su padre y su madre eran jugadores de voleibol, muy deportistas, y el padre, además, amante del fútbol. Courtois siempre tuvo el deporte como una de sus actividades principales, pero, cuando empezó en el Genk, de niño, lo hizo como lateral izquierdo, por eso tiene tan buen pie izquierdo para jugar la pelota. Lo que ocurre es que siguió creciendo y, claro, no puedes tener un lateral izquierdo de dos metros. Sería grotesco. Así que se puso de portero, para convertirse en el mejor del mundo. Lo escribo de nuevo, para enmendar mis primeras creencias: el mejor del mundo.

Debutó en primera con 16 años y empezó una carrera meteórica. Que es un tipo especial, un portero diferente, se ve en un dato que sobresale en su currículum: ganó una Liga con el Genk, siendo decisivo. Tanto, que llamó la atención del Chelsea, que en esa época tenía buen ojo y fichaba bien, no como en los últimos tiempos, que actúa como si fuera a una tienda de ultramarinos y empezara a coger chorizos y chorizos, sin importarle la calidad ni el precio.

Y eso que empezó en el Atlético

Pero el Chelsea es como es y, como tenía a Cech, lo cedió tres años al Atlético, que, pese a ser el Atlético, fue lo mejor que le pudo pasar a Courtois. En esa cesión, los madridistas y el fútbol español en general nos dimos cuenta de que era un portero descomunal.

Quizá por eso, a mí, como a muchos madridistas, con la visión de nuestro equipo, me costó mucho más tiempo valorar la calidad que siempre ha tenido. Era el portero del Atlético y eso nos cegaba un poco. Con él en la portería, el Atlético de Madrid ganó la Europa League, en la final en Bucarest, dejando una portería a cero; ganó una Liga al Barcelona, con el gol de Godín en el Camp Nou, que me gustó bastante porque se la quitó al máximo rival el Madrid. Y es verdad que también ganó una Copa del Rey, que me gustó bastante menos, al Real Madrid en el Bernabéu, una en la que Cristiano Ronaldo marcó al principio pero el Atlético remontó y al final perdimos en la prórroga 1-2 con el gol de Miranda.

Durante todo el partido, Courtois hizo unas paradas increíbles, sobre todo una a Özil, en un tiro a bocajarro... En ese momento supimos que era un guardameta que ocupaba mucha portería, que era muy bueno, que daba títulos. También es verdad que en sus años en el Atlético recibió la vacuna de Cristiano Ronaldo, al que le vimos hacerle dos *hat-tricks* espectaculares en el Calderón, pero es que Cristiano Ronaldo puede con todos.

Hay un momento, antes de llegar al Real Madrid, que es importante para él, para que descubriese la luz: la final de la Champions de Lisboa, en la que paró muy bien... hasta llegar al cabezazo de Ramos, y luego ya, a partir de ahí, en la prórroga, con el Atlético de Madrid fundido, es verdad que le cayeron tres más. Siendo objetivos, ninguno es culpa suya.

Incluso el gol de Bale es un paradón brutal a Di María, que hizo un eslalon maravilloso, tiró abajo durísimo, pero Courtois lo detuvo con la mano abajo; el balón, después, botó contra el suelo y, a puerta vacía y de cabeza, marcó Bale. Para mí, que no soy de la cofradía del futbolista galés, lo mejor de ese gol es la jugada de Di María.

Pese a su buen papel, Tibu se volvió al Chelsea, donde ganó dos Premiers y una Cup, lo que sigue dando pistas de que es un portero muy bueno, porque no es que el Chelsea gane muchos títulos... Y en 2018, tras la tercera Champions y con Keylor siendo un icono para los aficionados madridistas, el club, con muchísimo buen ojo, le fichó por una cantidad —35 millones de euros— que ahora parece irrisoria y entonces parecía razonable, porque era un portero, no un jugador de campo. Pero, si me llegan a decir lo que iba a hacer Courtois, hubiese pensado que estábamos estafando al Chelsea, pues ya entonces el belga era un portero de 80 o 90 millones de euros.

En el lado bueno de la historia

Lo bueno es que Courtois es un madridista de verdad. Antes de la final contra el Liverpool dejó una frase para la historia, que sentó mal a los atléticos, aunque yo no lo entendí como una falta de respeto: es que simplemente dijo la verdad. Él nunca había ganado la Champions; por tanto, era su asignatura pendiente y, antes del Real Madrid-Liverpool, de la final de la 14, le preguntaron si creía que iba a seguir sin ganarla: «Ahora estoy en el lado bueno de la historia», contestó, rotundo, convencido de que había llegado su momento.

Él no quería decir que el Atlético o el Chelsea estuvieran en el lado malo, pero ¿acaso el Atlético es el lado bueno de la Champions? ¡Si no ha ganado ni una! Y si no has ganado ninguna, ¡qué quieres que diga el hombre! Si hace la pelota al Atlético, miente: es un equipo con un estadio muy bonito, con gente que no para de cantar, ha ganado sus Ligas... pero ni una Champions. Ha levantado las mismas que el Villarrubia de los Ojos, el equipo de mi pueblo. Así que no le pidas a Courtois que, en la víspera de jugar una final con un equipo que, por entonces, había ganado 13, no diga que está en el lado bueno de la historia.

Es cierto que esa frase, para los madridistas, fue caviar. Pero es que por eso fichó por el Madrid, como Mbappé o como Figo, el emblema del Barcelona, el capitán, el *megacrack*: el que se fue del Barcelona sin ganar una Champions y en el Real Madrid ganó la Liga el primer año y en el segundo su única Copa de Europa.

El caso es que Courtois vino al Real Madrid y comenzaron las rotaciones con Keylor Navas. Era un equipo con Lopetegui en el banquillo y del que se acababa de marchar Cristiano Ronaldo. De hecho, Courtois, en alguna entrevista, aseguró que le hubiera gustado coincidir con Cristiano. No pudo ser y el belga llegó a un Real Madrid nuevo, en construcción. Y en esa temporada, aunque juega más Courtois, Keylor también tiene minutos, claro: ¡no le vas a matar después de ganar tres Champions!

Fue un curso muy complicado, en el que todo se pierde entre febrero y marzo, con Solari en el banquillo y con muchos problemas en todas las competiciones. Aunque, sin duda, el peor momento es el 1-4 con el que el Ajax echa al Real Madrid de la Champions en el Bernabéu.

Por eso, ese verano, se tomaron algunas decisiones y una de ellas fue que se pensó que carecía de sentido tener dos porteros de gran calidad, porque ninguno de los dos rinde al cien por cien. Se consiguió que Keylor Navas se marchase al PSG y, como suplente de Courtois, pero suplente de verdad, sin hacerle competencia, se ficha al francés Areola. Queda claro que va a pasar parte de la temporada en el banquillo.

Sin embargo, hubo un partido de Champions, a principio de temporada, contra el Brujas en el Bernabéu, a las 18:45, con luz del día, que no ayudó a que los madridistas creyesen en Courtois. Aún arrastraba la melancolía del año anterior.

En la primera parte, con un virus estomacal del que no se habló, se comió dos goles. No le ha pasado nunca más, pero ese día falla en dos goles. Tras el descanso, se quedó en el vestuario. Como algunos aficionados son así, empezaron a decir que se había borrado, que no valía la para el Real Madrid. Sumaban a los errores de ese partido el mal papel del Madrid y señalaban, y se equivocaban, a Courtois como culpable.

«Tomás Roncero, eres un borrico»

Entre todo esto, yo tengo la oportunidad, a través de entonces mi compañero y siempre mi amigo Javier Gómez Matallanas, de conocer a Courtois. Él tenía muy buena relación con él desde los tiempos del Atlético y, un día que habían quedado a comer, me preguntó si quería unirme a ellos. «Cojonudo», pensé yo. Quedamos en un restaurante en Las Vistillas, en el Madrid más clásico, en un sitio muy tranquilo, con muy pocas mesas ocupadas. Estuvimos los tres y fue allí donde descubrí a un tío muy majo, porque cuando yo le reconozco mi devoción por Keylor Navas, él, que ya sabía que soy muy forofo y me conocía por *El Chiringuito* y por el *As*, me dijo: «Ya verás cómo no te arrepientes de que yo haya fichado por el Real Madrid».

Fue una sobremesa muy agradable, en la que tuvimos muy buen *feeling*, hasta el extremo de que a él no le importó dejarme su teléfono y me regaló dos guantes suyos para que se los diera a mi hijo Marcos. No podía empezar mejor nuestra relación.

El problema es que soy un borriquete, pero mucho, y me dejo llevar por la pasión y por lo inmediato de una manera que a veces no puedo controlar. Y con Courtois metí la pata. Aunque Areola no jugó muchos partidos esa temporada —esa segunda mitad en la Champions más otro partido, cuatro en la Liga y tres en la Copa del Rey—, hay un encuentro, contra un rival no muy complicado en el que se produce un centro lateral y Areola, como era muy alto, en lugar de alzar las dos manos para coger la pelota, levanta solo una y coge el balón con ella, como si hubiera prensado la pelota. El brazo estirado, la pelota en la mano; él, alto, en medio del área, al mando. Me parece un gesto impresionante y me quedé tan maravillado que, en *El Chiringuito*, yo, que soy burro como un arado, me levanté e imité el gesto de Areola, como si yo estuviese cogiendo el balón. «Yo quiero que mi portero haga esto —dije—, que transmita esta seguridad...».

«Madre mía», pienso ahora, mientras estoy escribiendo y recordando esa escena. Hay cosas que uno no se perdona en la vida. Pues yo esta, yo, no me la perdono. Creía que sabía algo de fútbol, pero, si pongo por delante de Courtois a Areola, pues, en fin, mal vamos.

Desde entonces, mi vida profesional se ha convertido en un continuo arrepentimiento, una constante disculpa con él. Porque nos lo dio todo. La Champions número 14, la del fútbol mágico de Benzema y los goles salvadores que remontaban de Rodrygo, para mí es, en verdad, la Champions de Courtois. Sobre todo, por dos partidos. El primero, la vuelta de la semifinal contra el City, en la que Rodrygo, evidentemente, fue clave por sus goles, pero que no se olvide que, con 0-1 en el marcador, Courtois tuvo dos intervenciones prodigiosas, especialmente esa en la que con la punta de la bota sacó un tiro cruzado a Grealish; en directo hasta parecía que el futbolista del Manchester City había cruzado demasiado el balón, pero lo que sucedió realmente es que la pelota iba al segundo palo y si no acabó en gol fue porque Courtois sacó la pierna, la tocó con los tacos y la desvió a saque de esquina. Y luego llegó la actuación de la final de París contra el Liverpool...

¿Es un portero o es Supermán?

Lo voy a dejar por escrito, para que pase a los anales: he visto mucho fútbol, pero la de Courtois contra el Liverpool en París es la actuación individual más grande que jamás ha hecho un portero en un partido. Yo he sido admirador y he visto partidos increíbles de Arconada, de Miguel Ángel, de Casillas, de Cech; he visto porteros asombrosos, pero nada se parece a lo que hizo Courtois en ese encuentro: doce paradas, cinco de ellas imposibles. Salah y Mané seguro que todavía tienen pesadillas con Courtois. Sin él, hubiésemos perdido esa final.

De ahí que en todos mis vídeos desde ese día deje claro lo que quiero a Thibaut, que bendita la hora en la que vino. Sin ti, el Madrid no sería lo que es.

Y así pasó el tiempo hasta que, en el *media day* (el día para las entrevistas con los medios) antes de la final de Londres contra el Borussia, hablamos con el club y le pedimos a Courtois. Me acuerdo de que, en la redacción del *As*, los compañeros me hacían bromas acerca de cómo me iba a recibir el portero tras nuestras desavenencias.

Yo no sabía lo que me esperaba, pero yo me visto por los pies y tenía muy claro que antes de la entrevista debía hablar con él y explicarle personalmente lo que ya había repetido muchas veces en mis vídeos. Fui con Carlos Forjanes y el fotógrafo Orihuela. Al llegar, le saludé y le dije: «Thibaut, un momento antes de la entrevista, que quiero decirte algo: a mí me gusta ir de frente y ya soy muy mayor para no hacerlo, así que quiero pedirte disculpas porque sé que fui muy injusto contigo en su día y tú no merecías ese trato. Te debía una disculpa personal después de cómo te habías portado tú conmigo».

Tuve miedo de su reacción, pero apareció un Courtois muy sonriente: «Tomás —me dijo con su acento belga—, tranquilo, no hay problema». Se podía haber regodeado, haberme respondido que me lo merezco, pero estuvo majísimo, simpático, con una sonrisa diáfana, sincera, enrollado, sin importarle que, en la entrevista, nos pasásemos del tiempo pactado. Y dijo una frase que me ha dejado huella. Él había pasado por una lesión de ocho meses y yo estaba agobiado porque iba a ser titular en la final contra el Borussia y me preocupaba que, si hacía un mal papel, le iban a llover críticas, por haberse precipitado y por quitar el puesto a Lunin, que había hecho una gran temporada. Se iba a decir que si no se había respetado la meritocracia y que algunos se ganan el puesto por el nombre y todas esas cosas que se sueltan. Pero él, con una tranquilidad pasmosa, con la increíble seguridad en sí mismo, fue y me dijo: «Soy mucho mejor portero que antes de la lesión».

Me quedé perplejo. «Si has tenido un cruzado, ¿estás seguro?». «Sí», me contestó. Y me explicó que, de cintura para arriba, por todo lo que había tenido que trabajar en el gimnasio para recuperarse, había fortificado el tronco superior y estaba mucho más fuerte. Eso le permitía ser mejor, más poderoso, en las estiradas o en el uno contra uno. Podemos decir que su cuerpo se había «supermanizado», de Supermán. Courtois era alto, pero nunca fue un cachas, no se le veía la musculatura de Cristiano Ronaldo; sin embargo, tras la paliza del gimnasio, se convirtió en un portero aún más fuerte y, como el talento natural ya lo tenía...

Así salvó la 15, en la primera parte contra el Borussia Dortmund, en Wembley. Tuvo hasta tres salidas prodigiosas, en las que consiguió tapar toda la portería. Para mí, esa es una de sus virtudes: es tan grande que, cuando sale a por el delantero, este se ciega. Gracias a Courtois, el Real Madrid llegó con empate a cero al descanso tras ser dominado.

Para mí, el mejor portero de la historia del Real Madrid

Fue entonces cuando todos los madridistas pensamos: «ahora ganamos». Lo que hizo Courtois ese día, lo que hace continuamente, es algo que se decía mucho que también se le veía a Buyo cuando era portero de la Quinta. El equipo ganaba por goleada, pero antes, cuando el partido iba empate a cero, Buyo siempre llevaba a cabo alguna de sus *volatinas*, salvaba un gol que parecía hecho y ya, luego, llegaba la goleada de Butragueño, Míchel y compañía.

Courtois ha fulminado las dudas de todos los madridistas, pero, no sé por qué, no ha acabado con las dudas de los que votan los premios. Hace años ya que Courtois es el mejor portero del mundo con diferencia, el más decisivo. Casillas fue cinco años seguidos Guante de Oro, no tiene sentido que el belga no lo haya sido ya desde 2020, la Liga de la pandemia que se ganó con Zidane.

Es un portero que intimida. Hay un ejemplo muy claro: el partido del 14 de septiembre de 2024 en Anoeta contra la Real Sociedad, en el que el equipo vasco, con el empate a cero, tiró tres veces a los palos. En el vestuario me lo explicaron: le ven tan grande que los rivales ajustan, porque, como no lo hagan, Courtois se lo para. Tenemos miles de ejemplos de esas actuaciones, pero, para mí, la definitiva fue después de su lesión en la Liga de 2024, cuando volvió para tener minutos antes de la final de Wembley y en un encuentro hizo una parada imposible a Hagi, el hijo del mítico exmadridista Hagi, que estaba jugando en el Alavés. Ahí dije: «Ha vuelto».

Hay que dar las gracias a Florentino Pérez, a José Ángel Sánchez y a la dirección deportiva por no trabajar visceralmente, por no ser como yo, que soy un mitómano y creía que Keylor, tras tres Champions, era intocable. Ellos tuvieron la visión estratégica de anticipar que el ciclo de Navas se estaba acabando y había que fichar a otro portero para que reinase en la portería del Real Madrid.

Y gracias, Thibaut, por ser así, por ser el mejor portero del mundo. En mi equipo, te lo escribo para que nadie lo olvide, juegas seguro; Casillas tendrá que jugar algún partido, pero tú eres más titular. Y que me perdone Iker.

Datos de Paco Buyo

Posición en el campo: Portero.
Partidos oficiales con el Real Madrid: 454.
Internacional con España: 7 veces.

Palmarés

6 Ligas.
2 Copas de España.
4 Supercopas de España.

PACO BUYO
Un portero contra la indiferencia

Yo, que era portero de chiquitito y, además, mido 1,80, reconozco que Buyo tenía un predicamento especial para mí, que me veía en él. Era un portero que, visto desde la perspectiva actual, es atípico, pero en aquella época era lo habitual: porteros no muy altos, pero sí ágiles. Así eran Arconada, en la Real Sociedad, y Ablanedo, en el Sporting, también bajitos. Y el padre de Pepe Reina, cuando yo era más pequeño todavía, que también era un porterazo. Siempre hubo porteros muy buenos, pero ese concepto de un portero de casi dos metros, tan de moda ahora, era inimaginable entonces. Buyo, por ejemplo, mide 1,79. Ahora, como he dicho, sería impensable un guardameta de esa altura, pero yo crecí con Miguel Ángel, que era un porterazo gallego, que, además, llevaba jersey verde igual que el que tenía yo. Miguel Ángel era incluso más bajito, entre 1,76 y 1,77; eso sí, era un gato. De entre todos los que he nombrado, Buyo, también paisano de Miguel Ángel, era el portero que más destacaba: volaba de palo a palo, como se suele decir.

Buyo hizo carrera, especialmente, en Sevilla, donde brilló durante unas temporadas estupendas. De hecho, fue internacional cuando estaba en el equipo andaluz. Aunque era más suplente que titular en la selección, iba a todas las convocatorias. Por ejemplo, en el famoso partido de Malta, jugó él porque Zubizarreta no estaba disponible. Recibió un gol (en propia meta de Maceda), pero sale en la foto de esa gran hazaña del fútbol español.

Una locura con sentido

Paco Buyo llegó al Madrid en el verano de 1986, a un equipo que ya había ganado la Liga y dos Copas de la UEFA. Era un Real Madrid triunfal con Molowny, el mítico «Mangas», al mando desde el banquillo. Ramón Mendoza, que había fichado en el primer verano a Hugo Sánchez, Maceda y Gordillo, quiso completar la colección de *cracks* con un portero. Ochotorena lo había hecho muy bien, pero, como era de la cantera, se pensaba que, aunque era bueno, no era el portero diferencial que necesitaba el Real Madrid; Buyo, en cambio, sí lo era.

Enseguida encajó como un guante en aquel equipo. Dejó su huella por su estilo tan fuera de lo normal. Parecía un poco alocado en su manera de comportarse en el campo, sí, pero todo lo que hacía lo hacía con inteligencia, porque usaba esa locura meditada, controlada en realidad, para desestabilizar al rival. Era un poco como Hugo Sánchez pero desde la portería. Su plan, al protagonizar cosas que no se esperaban, era desconcertar a los rivales y, muchas veces, lo conseguía y los sacaba del partido.

Recuerdo el famoso episodio de Futre. Yo estaba con mis amigos en el Santiago Bernabéu, en el lateral de pie, justo a la altura de donde ocurrió el encontronazo entre el delantero del Atlético de Madrid y Buyo. Nosotros vimos claramente que Paco exageró un poco, dando varias vueltas, haciendo la croqueta sobre sí mismo encima del césped. Pero lo más increíble fue que, cuando Orejuela se acercó a protestar, a ver qué sucedía, Buyo impactó contra sus rodillas. Juraría que fue el guardameta quien buscó el contacto con el rival, pero lo hizo tan bien, pareció de forma tan clara que había sido al revés, que, al final, a quien expulsaron fue a Orejuela. Mis amigos y yo, en la grada, le jaleamos porque fue una acción de auténtico pícaro. Ahora, con el VAR, habría más problemas y sería una jugada de la que Buyo no saldría sin castigo, pero en ese momento nos dio la vida. El Atlético de Madrid se quedó con diez jugadores y, en el último minuto del derbi, Rafa Martín Vázquez lanzó un chutazo desde el borde del área, pegado al palo, y ganamos 2-1. Siempre digo que ese derbi lo ganó Buyo, el más listo.

Era nuestro portero y el Bernabéu le adoraba por una sencilla razón: porque, aunque la Quinta del Buitre siempre goleaba, casi siempre le costaba ponerse en marcha, arrancar a jugar, y, en ese tiempo, el equipo contrario solía tener un par de jugadas de gol que Buyo sabía cómo atajar.

Un macho en la Quinta del Buitre

Buyo era un portero volatinero, lógico dada su altura, pero no lo hacía por lucirse, sino porque sacaba balones que parecían imposibles. Así fue indiscutible durante diez años, del 86 al 96. Con él, el equipo ganó cuatro Ligas seguidas, todas maravillosas, bien jugadas y bien defendidas. Siempre fue fundamental, liderando junto con Hugo Sánchez esa famosa «Quinta de los Machos», que dentro del vestuario era el contrapeso de la Quinta del Buitre: estaban Buyo, Hugo, Rafa Gordillo (que jugaba con las medias bajadas; un espectáculo de futbolista, cómo corría y ponía el balón desde la izquierda) y los veteranos, como Camacho, Juanito, Santillana, Gallego y San José. Era un vestuario de distintas procedencias, pero que se entendió perfectamente para convertirse en un equipo ganador e infalible en España. Buyo transmitía esa energía inconfundible y maravillosa que complementaba a la estética impecable de la Quinta del Buitre.

El Barcelona lo quiso dos veces, porque los entrenadores que ocupaban el banquillo azulgrana sabían que era un portero carismático. Pero Paco se identificó con el espíritu del Madrid, con el ADN del Madrid, y rechazó esas ofertas. No lo hizo necesariamente por ganar más dinero, porque ya ganaba bien, sino porque había entendido que había encajado como un guante en la cultura del Madrid y del Bernabéu.

Paisano de Amancio Amaro —quien, como Juanito, le dio buenos consejos—, llegó al Madrid como él, como estandarte del fútbol gallego, y no se quiso mover.

Solo tuvo una cruz: la de esa generación irrepetible, la que se quedó, injustamente, sin la Copa de Europa. Pero, aun así, Paco nos dejó una foto inolvidable en la competición: la de la tanda de penaltis en el Comunale de Turín, donde paró dos lanzamientos contra la Juventus. El Real Madrid, con un gol de Butragueño, había ganado 1-0 en la ida; en la vuelta, en el Comunale, ante más de 60 000 personas, frente a la Juve de Cabrini, Laudrup, Bonini y Platini, un gol de Cabrini al poco de empezar igualó la eliminatoria y el partido se fue a los

penaltis. Falló Hugo, pero Buyo le detuvo el suyo a Brio. Metió el Buitre, también Vignola. Marcó Valdano y Buyo paró el de Manfredonia. No erró Juanito y sí lo hizo Favero. El Madrid ganó, gracias a Buyo, a un equipazo y en Italia, cuando ganar en Italia era una hazaña. Después contó su secreto: antes de cada penalti rezaba un padrenuestro.

El final de Paco Buyo llegó cuando Fabio Capello aterrizó en el banquillo del Real Madrid por primera vez. Con su cultura italiana, tuvo muy claro qué portero quería: uno alto, del estilo del fútbol italiano, y por eso el Real Madrid le fichó a Illgner. Lo peor de Capello fue que ni siquiera evaluó si Buyo era un buen o mal portero; simplemente quería a alguien de dos metros. Quería altura antes que calidad, porque de eso Buyo andaba sobrado. Llegó, pues, Bodo Illgner, quien, todo hay que decirlo, tuvo un buen rendimiento y dos años después ganó la Copa de Europa. No llegó, sin embargo, Paco a ella. Entendió que su etapa había terminado y no esperó ni a la Séptima. En el verano de 1997, colgó los guantes y dijo que hasta ahí había llegado.

Ahora, cuando lo vemos en *El Chiringuito,* los madridistas nos sentimos orgullosos. Buyo siempre defendió al Madrid a muerte. Como ahora en la tele, en el campo era un tipo con personalidad, que no se asustaba en los escenarios en contra. Yo recuerdo los derbis en el Calderón, cómo aguantaba la presión del Frente Atlético, que le tiraba de todo. También en los Clásicos en el Camp Nou, donde resistía todo lo que le pasaba en los fondos e iba a lo suyo: a parar y a parar.

Un petardo en El Sadar

Hubo un partido donde aguantó incluso más de lo razonable. Fue en El Sadar, cuando le explotó un petardo cerca de su oreja. Era el campo donde peor se pasaba a finales de los ochenta. Peor que en San Mamés o en Atocha. Pero él aguantaba.

Cuando el petardo le explotó y, por suerte, no le hizo nada grave o irreversible, el árbitro suspendió el encuentro. La continuación se jugó en La Romareda, sin público.

Por eso, cuando vemos a Paco Buyo defendiendo al Madrid ahora, nos sentimos representados. Lo hace con corazón y con hechos.

Lo voy a nombrar porque sé que algunos, al leer esto, me recordarán lo de Tenerife. Y mencionarán el famoso balón que dejó muerto y que Pier remató a puerta vacía. Voy a escribir lo que siempre digo: lo inexplicable en esa jugada no es que Buyo salte a por el balón y se le quede frente a la portería, lo que no tiene sentido es lo que hizo Sanchís desde el centro del campo: en lugar de buscar avanzar hacia la portería contraria en busca del gol que necesitábamos, echó un balón bombeado, de 50 metros hacia atrás, con el sol en contra del portero del Madrid. Un pase muy peligroso. Y Buyo, que iba con gorra, intentó controlarlo para sacarlo rápido con el pie, como hacía siempre, y empezar a jugar. No sabía que Pier estaba por ahí.

Buyo fue un ganador. Ganó Zamoras merecidamente. Y, sobre todo, tuvo un par. Por eso, siempre estará en mi plantilla, compitiendo con los mejores: Casillas y Courtois.

DEFENSAS

Datos de Dani Carvajal

Posición en el campo: Lateral derecho.
Partidos oficiales con el Real Madrid: 427 hasta la fecha.
Goles marcados: 14 hasta la fecha.
Internacional con España: 51 veces hasta la fecha.

Palmarés

6 Champions Leagues.
5 Mundiales de Clubes.
5 Supercopas de Europa.
4 Ligas.
2 Copas de España.
4 Supercopas de España.
1 Liga de Naciones.
1 Eurocopa con la sel. española.

DANI CARVAJAL
La vena del Real Madrid

Chendo y Míchel Salgado eran laterales con coraje, casi siempre insuperables, pero, en mi equipo, cómo no iba a estar Dani Carvajal... si lo suyo es irrepetible. Sí, es el corazón del Real Madrid. Nadie puede con él, ni siquiera la grave lesión que le apartó esta última temporada. Y eso que el lateral derecho es un puesto que, como me dijo un día un entrenador, nadie quiere de primeras. Hasta ser lateral zurdo tiene su encanto, pero el lateral derecho es un poco el patito feo del once, porque parece que es un puesto que no tiene pedigrí, el que no aporta nada. Sin embargo, es evidente que Carvajal ha conseguido que ser lateral derecho sea ser el alma de un equipo.

De broma repito que Dani es el monstruo de Leganés (no del lago Ness: de Leganés, esa creciente población del sur de Madrid), porque, siendo bajito como es, siempre ha tenido un coraje que le ha convertido en gigante.

Carvajal empieza su carrera fubolística en un equipo de su Leganés natal. Y, siendo muy pequeño, con unos diez añitos, lo reclutaron para la cantera del Real Madrid porque ya se veía que iba para estrella. Entra en los alevines y ahí empieza a demostrar su valía. Se dan cuenta de que es un chaval con un gran potencial y no por casualidad lo eligen, entre cientos de niños de la Fábrica, para que sea el que, junto con Alfredo Di Stéfano, inaugure la nueva Ciudad Deportiva de Valdebebas. Era un niño rubito, tan distinto de ahora, que es muy moreno y tiene esa barba, de espartano, de Leónidas.

La verdad es que, en ese momento, los que estábamos allí no podíamos imaginar (puede que, en la cantera, los entrenadores sí) que ese chavalín iba a hacer historia, que iba a ser uno de los jugadores más importantes que han pasado por el club.

El día que le falló Mourinho

A los 18 añitos ya sube al Castilla. Para mí esa generación es la mejor desde la Quinta del Buitre y eso se plasma en el ascenso a Segunda, con las dos goleadas que le meten al Cádiz en el *play-off* final, 0-3 en Carranza con un partidazo y 5-1 en el Alfredo Di Stéfano. En aquel Castilla estaban su amigo Lucas Vázquez, con él tantos años en el primer equipo; su amigo Nacho, con el que compartió vestuario en la élite; su

amigo Morata, campeones ambos de varios títulos; su amigo Cheryshev; su amigo Juanfran, que jugaba por la banda; su amigo Álex Fernández, que es el hermano de Nacho; y su amigo Joselu, que quién les iba a decir, cuando estaban celebrando el ascenso, que en el futuro serían cuñados.

Yo iba mucho a Valdebebas y entonces ya se veía al lateral que es ahora, un futbolista que no paraba, una turbina, siempre hacia delante y hacia atrás, a mil revoluciones...

En la temporada 2011-2012 hay un partido de Copa, que se disputó en El Toralín ante la Ponferradina. Me paro en este encuentro porque me dolió mucho lo que hizo Mourinho con Carvajal.

El fin de semana previo se jugaba un partido de la entonces liga de segunda B, un Castilla-Alcalá, en Valdebebas. Entonces, Mourinho, antes de ese choque del filial, le reveló a Toril que, para el encuentro de Copa, iba a contar con varios jugadores del filial, para que jugasen, solo, algunos minutos; entre ellos, Carvajal. Y le pidió que solo disputase 60 minutos. Toril le respondió que sí. Sin embargo, el partido contra el Alcalá se complicó mucho: Pedro Mendes, un central, vio una roja en el minuto 19 y Morata, otra, en el minuto 59; iba empate a cero, pero el Real Madrid solo tenía nueve futbolistas en el campo. Se convirtió en un asunto de resistencia, puro Real Madrid. Y el que más destacó fue Carvajal. Yo estuve allí y parecía tres jugadores en uno. No solo era la banda derecha: se iba al centro a ayudar, subía al centro del campo a presionar... Toril, al verlo, decidió, porque era heroico lo que estaba haciendo el equipo, no cambiar a Carvajal y no cumplir lo pactado con Mourinho. Fue increíble el espíritu de combate y de lucha, para conservar el empate, pese a acabar el encuentro con ocho, porque en los últimos minutos también expulsaron a Álex Fernández. El público de Valdebebas terminó de pie, aplaudiéndoles como héroes que eran.

En la convocatoria de Copa del primer equipo no apareció Carvajal. Mourinho le echó en cara a Toril no cumplir el pacto de jugar poco más de 60 minutos. Al entrenador portugués no le convencieron las explicaciones de Toril ni su razonamiento de que Carvajal era un portento físico y podía aguantar otro partido sin problemas. Mourinho ni escuchó. No cedió, cerrado e insistiendo en que había roto un acuerdo.

A Mourinho, como se comprobó, el Castilla le importaba un carajo. Porque, si él hubiera conocido lo que es el filial del Real Madrid, lo que es la historia del Castilla, él también se hubiera emocionado. Por mucho que quisiera demostrar que había «pseudomadridistas» en todos lados, ese día el pseudomadridista fue él. Un madridista de corazón se hubiera emocionado con lo que hizo el Castilla y con lo que hizo Dani Carvajal. Pero a Mourinho le perdió su orgullo. Si él daba una orden, había que obedecer sin rechistar. Toril, en cambio, demostró personalidad, demostró que era el entrenador del Castilla con galones y que tenía muy claro quién era y cuánto valía Dani Carvajal.

La mili de Alemania

Lo pagó muy caro Mourinho, porque el año siguiente se pegó una leche histórica con el Real Madrid, mientras Carvajal jugaba en el Bayer Leverkusen, tras un traspaso de cinco millones de euros con opción de recompra. Muchos pensaron que Carvajal no volvería al Real Madrid, y menos con Mourinho, pues este le había puesto la cruz. Y lo peor, ¡sin que la decisión hubiera sido de Carvajal!

Dio igual. Dani, gladiador, guerrero, con personalidad, se puso a sacar sus cartas como futbolista en el Bayer Leverkusen. Jugó 34 partidos y, pese a que el equipo terminó tercero por detrás del Bayern y del Dortmund, Carvajal formó parte del once ideal de la Bundesliga, votado por todos los especialistas, por los técnicos y por los periodistas. Un canterano en el Madrid, que había salido casi por la puerta de atrás, se convirtió en el mejor lateral derecho de Alemania.

Una cosa que hace muy bien el Real Madrid es poner en los contratos esa opción de recompra para los futbolistas que cree que podrán tener futuro en el equipo. Con Carvajal funcionó a la perfección. En el Real Madrid no hubiese jugado, pero en Alemania se salió.

Así que, sin Mourinho y con Ancelotti, Carvajal, con el sí entusiasmado del nuevo entrenador italiano, volvió al Real Madrid. El titular entonces era Arbeloa, pero Carvajal acabó quitándole el puesto. Dani terminó jugando 45 partidos ese curso; Arbeloa, 30. Por eso, cuando llega el gran día de ese año, el 24 de mayo de 2014, el titular es Carvajal. Con 22 años, en Lisboa, ganó su primera Champions. No sabía aún todo lo que le esperaba después.

Sin embargo, Del Bosque no contó ni con él ni con Isco para el Mundial de Brasil de ese verano. Fueron ausencias dolorosas, porque creo que, con ambos, España habría sido bastante más competitiva.

Las lesiones musculares

Dos años después llegó a otra final de la Champions, la de Milán con el Atleti del Cholo. Carvajal, muy titular, empezó el encuentro, pero se lesionó en el minuto 52 y, llorando, se marchó del campo: lesionado y triste vio la tanda de penaltis. Esa lesión le costó la final, pero también perderse la Eurocopa de Francia.

Pero él, que es corajudo, reapareció ese mismo verano, para jugar la Supercopa de Europa contra el Sevilla. Fue un partido que llegó empatado a la prórroga y, cuando todo el mundo se imaginaba ya los penaltis inevitables, en el minuto 118, Carvajal entró como un cañón por la banda derecha, se metió en el área y pegó un zapatazo con su pierna buena. Asombroso, no: flipante. Golazo de *crack*, que hasta Cristiano Ronaldo hubiera firmado. Nunca olvidaré su cara de rabia, su gesto de orgullo, su revancha consigo mismo. Era su recuperación consumada. Eso para él fue la bomba. Ese año, que empezó tan bien, terminó con la final contra la Juve, en Cardiff, que se puso de dulce gracias a un pase suyo a Cristiano Ronaldo para que marcara el primero.

Lo que es increíble es que la historia, cruelmente, se volviese a repetir en la final de 2018, en Gales, contra el Liverpool: en el minuto 35 del partido, lesionado, no pudo seguir y no se lo podía creer. Otra vez volvió a llorar de rabia.

Carvajal no entendía por qué le pasaban esas cosas, por qué las lesiones le atormentaban. Titular en cuatro finales de Champions hasta ese momento, solo había disputado dos enteras. Por lo menos sí fue al Mundial de Rusia, con Lopetegui, aunque ese campeonato salió rana.

En 2022, volvió Ancelotti, el hombre que en la primera etapa le puso como lateral derecho indiscutible. Es la temporada de la Champions de las remontadas mágicas. Sobre todo, contra el City, esa eliminatoria que estaba perdida hasta que

marcó Rodrygo. Entonces, el árbitro dio seis minutos de añadido y el campo enloqueció. También Dani Carvajal: hizo un amago por la derecha, luego un regate y puso la cuña para dibujar un pase perfecto, que peinó Asensio (siempre nos quedará la duda de qué hubiese sucedido si no lo peina) y, pese a eso, el remate de Rodrygo fue perfecto. La imagen icónica, sin embargo, es la de Dani gritando, enloquecido por el gol, con la vena marcada y el alma saliéndole por la boca. El alma y el corazón, la expresión del amor a su equipo y su escudo.

El Real Madrid ganó la final contra el Liverpool y Carvajal sumó su quinta Champions, como Cristiano Ronaldo, pero él, encima, de Leganés.

Y, sobre todo, ya no se lesionaba. Tras varios estudios descubrió que tenía que cambiar la alimentación y que el gluten era el principal problema. No era que jugase con la intensidad con la que siempre jugaba o que se esforzase demasiado o que no midiese. No, el problema venía de la comida: que el brócoli, aunque sea un coñazo, porque es verde y es verdura y no es tan rico como los chuletones de carne roja o como una buena cerveza fría, era, en definitiva, lo que le sentaba bien y le daba salud.

Cuñadismo

Carvajal se convirtió en un futbolista más regular y constante. Por eso fue fundamental en la siguiente Champions, la de 2024, que ganó con su cuñado Joselu. El delantero le presentó a la hermana de su mujer y los dos futbolistas, que ya eran amigos, se hicieron familia. El cuñadismo es para mí conocer a una persona de tu máxima confianza a la que le confiesas tus secretos, tus debilidades, tus locuras, tus pasiones; Joselu, pues, ya era su cuñado antes de ser su cuñado de verdad.

Dani ayudó mucho a Joselu en el Real Madrid. Llevaba más años en el vestuario, tenía más experiencia y fue un apoyo cuando el delantero lo pasó mal, como en un partido de esa temporada en el que pidió perdón al público por fallar varios goles. Pero es que, además, Carvajal también se puso a marcar goles importantes, de cabeza, desde el primer palo, como si fuera Joselu. Terminó la temporada con seis: el más importante, el de la final contra el Borussia Dortmund.

Antes, en la semifinal contra el Bayern, Joselu había marcado los dos tantos más fundamentales de su carrera, remontando el partido. Pues, en la final, Dani quiso hacer de su cuñado: fue al primer palo y aprovechó la última maravilla de Toni Kroos con el Real Madrid, un córner botado como si fuera un pintor con su lienzo, y Carvajal se adelantó a todos los gigantes del Borussia, a los gigantes de Alemania, las torres teutonas. El gol. Como decía Di Stéfano, el primer gol es el más importante porque vale por tres: es el que rompe la igualdad, el que rompe la ilusión del enemigo y es el que encauza la victoria.

Era, en fin, la sexta Champions de Dani, como para Nacho, como para Modric, y las mismas que Paco Gento. Seguro que va a querer ganar más cuando se recupere de su lesión.

El error del orgulloso Luis Enrique

Ese verano de 2024 fue a la Eurocopa porque el brócoli había conseguido evitar las lesiones que le apartaban de la selección. Fue, además, para ser importante, para vengarse de lo que le había hecho Luis Enrique en el Mundial de Catar, cuando en la eliminatoria contra Marruecos lo dejó fuera del once.

Con todo mi respeto a Marcos Llorente, que es un chaval polivalente, también canterano del Madrid, Carvajal es mejor que él en casi todas las facetas. Luis Enrique es muy osado, pero es que hay que ser muy suicida como entrenador para dejar a Carvajal en el banquillo en un partido decisivo de un Mundial. Es jugar con uno menos. La verdad es que como, a Luis Enrique, todo lo que huele a blanco le pone muy nervioso, lo dejó en el banquillo.

Pues yo lo escribo ahora: te jorobaste y España se quedó fuera del Mundial por tu culpa, Luis Enrique, por tu osadía, por tu falta de humildad, por tu ausencia de inteligencia táctica y futbolística. Los buenos ganan. Y los buenos son los que llevan la camiseta blanca. Los malos pierden, como tú de seleccionador, porque piensas primero en fastidiar al Madrid y en que gane tu orgullo. Pues mira lo que pasó: por fastidiar al Madrid, tú perdiste. La pena es que España perdió contigo. Pero no va a volver a pasar; tranquilo, Luis Enrique. Porque España está en buenas manos ahora que no estás tú.

Sin Luis Enrique, ya Carvajal había ganado la Nations League con un gol suyo de penalti, en la tanda decisiva ante Croacia que nos hizo campeones. Un penalti que tiró a lo Panenka. ¡Para decidir el título, el lateral derecho va y tira de Panenka!

En la Eurocopa de 2024, contra Croacia, Carvajal marcó de cabeza y, como buen compañero y líder que es, fue a abrazar y a señalar a Lamine Yamal. Siempre habló bien de él porque sabe distinguir entre rivalidades de clubes cuando juega con España. Porque él quiere a España y es un baluarte de este país. Su gol no fue la única acción de valor en ese campeonato; hay otra que dice mucho de cómo es Carvajal: el placaje a Musiala contra Alemania, cuando se iba por la banda, solo, en una jugada que podía haber acabado en gol. Carvajal, que tenía amarilla y sabía que se iba a la calle, prefirió autoexpulsarse a que España recibiese un gol que podía eliminarla. Se sacrificó por España, no pensó en su ombligo y en acabar el partido. Como Valverde contra Morata en aquella Supercopa, hizo una falta que es una heroicidad, casi un gol.

Lo de Carvajal fue otro acto de servicio a su país, porque es un soldado de España, un soldado del Real Madrid. Capitán, siempre conmigo en mi equipo.

Datos de Sergio Ramos

Posición en el campo: Central.
Partidos oficiales con el Real Madrid: 671.
Goles marcados: 101.
Internacional con España: 180 veces.

Palmarés

4 Champions Leagues.
4 Mundiales de Clubes.
3 Supercopas de Europa.
5 Ligas.
2 Copas de España.
4 Supercopas de España.
1 Mundial con la sel. española.
2 Eurocopas con la sel. española.

SERGIO RAMOS
«¡Oh capitán, mi capitán!»

Sergio Ramos era un chaval de Camas, un canterano del Sevilla, por el que el Madrid pagó una fortuna teniendo solo 18 años y que muchos años después se convirtió en una leyenda del Real Madrid, con su cabezazo de oro en Lisboa. Será siempre mi capitán y le querré y le amaré siempre. Nunca olvidaré cómo cambió nuestras vidas gracias al tanto contra el Atlético de Madrid. Errores cometemos todos, pero a la historia pasan muy pocos y Sergio Ramos está instalado en el santoral eterno de los madridistas. Es el héroe de la Décima y a mucha honra.

Sólo jugó una temporada completa en el Sevilla, pero ese año ya mostró que tenía algo especial. De hecho, hizo un partido con el Real Madrid en verano en el que perdimos 2-0 y él marcó un golazo de falta. Y lo sabía, pero eso confirmó a Florentino Pérez que ese chico tenía una gran personalidad, lo que ya se veía con esa melena y ese físico imponente.

Fue un verano complicado porque la cláusula que le había puesto el Sevilla, bajo la presidencia de Del Nido, era de 27 millones de euros. Todo el mundo, y Florentino también, pensaba que era demasiado para un jugador español tan joven. Recuerdo haber tenido una conversación con el presidente en la que hablaba de pagar entre 15 y 20 millones como máximo, porque parecía inaceptable pagar la cláusula completa. Sin embargo, el mercado siguió avanzando y Sergio Ramos cada vez convencía más. Al final, el último día de agosto, el chaval le trasladó al Madrid que para él sería un sueño vestirse de blanco, aunque fuera canterano sevillista. El club, entonces, decidió pagar la cláusula. Para mí, Del Nido hizo algo horrible al dar a entender que el Real Madrid había llegado en el último momento, el 31 de agosto, para «arrebatarles» a Sergio Ramos.

La verdad es que el Real Madrid y el Sevilla se pusieron de acuerdo para pagar la cláusula de 27 millones, pero Del Nido quiso mostrar que le habían robado a su joya en el último momento. Esto provocó algo que jamás entenderé: la afición del Sevilla se volvió contra Sergio Ramos, un canterano que llenó las arcas del club con ese traspaso. En 2005, 27 millones por un chico de 18 años eran una fortuna, y, en lugar de estar agradecidos, lo insultaron a él y a su familia durante años.

Lo irónico es que, cuando otros clubes como el Barcelona hicieron lo mismo con jugadores como Dani Alves y Rakitic, pagando lo que costaban, la afición sevillista los aplaudió; en cambio, al que se fue al Real Madrid lo insultaron. Es un resentimiento que no tiene explicación y provocó mucho dolor en el futbolista. Su abuelo, en particular, siempre decía que lo que sucedió en Sevilla no lo perdonaría jamás. Y, la verdad, yo tampoco lo hubiera perdonado. Todo esto, por otra parte, propició que el amor de Ramos por el Real Madrid se incrementara.

En el Real Madrid, Ramos manifestó desde muy joven una gran personalidad, como demostró nada más llegar al pedir el dorsal número 4, el de Fernando Hierro, lo que era toda una declaración de intenciones. Ese número 4 tenía un peso enorme en el Real Madrid, sobre todo por lo que significaba Hierro, que se había ido dos años antes tras el famoso «Motín del Txistu» y los problemas que surgieron tras la celebración de la Liga. Me dolió mucho que el Madrid dejara ir a Hierro y a Del Bosque de esa manera, pero esa es otra historia.

El caso es que Sergio Ramos ya enseñaba, con esa elección, que quería hacer historia en el Madrid, y vaya si lo consiguió.

Compitiendo contra Negreira y los suyos

Ya se vio en la famosa «Liga del Clavo Ardiendo», en una temporada donde todo parecía perdido en marzo, pero Ramos empezó a destacar más que nunca. En un Clásico en el Camp Nou, marcó un gol de cabeza de un córner y celebró besándose el escudo frente a la afición del Barcelona; ese fue un momento clave y, a partir de ahí, se convirtió en uno de los líderes del equipo, que ganó esa Liga y también la siguiente, la que acaba con un 4-1 al Barcelona en el Bernabéu.

Ese día el público pidió la manita y los jugadores, con Raúl al frente, echaron el freno de mano para no hacer más daño a los compañeros de selección. Los futbolistas tienen otros códigos que la hinchada, pero eso me enfadó.

En el Real Madrid jugó mucho tiempo como lateral derecho, al igual que en la selección española, donde brilló y ganó la Eurocopa de 2008 con el gol de Fernando Torres en la final contra Alemania. Jugó también de lateral en el Mundial de Sudáfrica en el 2010.

A medida que avanzaba su carrera, Ramos se consolidó como uno de los grandes del fútbol español, sobreviviendo a momentos complicados, como la irrupción del Barça de Guardiola, cuando Ramos comienza a mostrar un coraje competitivo brutal, en un intento de frenar la hemorragia que provocaba el Barça de Guardiola. Con Pellegrini en el banquillo, para mí, lo consiguen en parte, aunque no con títulos.

A Pellegrini lo despiden tras el «alcorconazo» a pesar de hacer la mejor Liga de la historia del Madrid hasta ese momento (96 puntos), mientras que el Barça, bueno, ya sabemos que estaban Negreira y sus chicos haciendo de las suyas, pero ese es otro tema.

Una Copa del Rey heroica... y magullada

El Madrid entró en una especie de valle y para salir necesitaba dar un paso más. Ese paso lo encuentra con la llegada de Mourinho, que es clave porque da la vuelta al calcetín en cuanto a orgullo competitivo frente al Barça. Ramos y Pepe se convierten en sus gladiadores y tienen actuaciones muy potentes, especialmente en los Clásicos, aquellos famosos Clásicos que fueron una tormenta brutal, donde iban a por todas. Ramos era un valiente; si hubiera una guerra, sería de los primeros en salir de las trincheras con la bayoneta y a corazón abierto, listo para el combate.

Claro que Sergio Ramos cometía errores, pero en el madridismo lo queremos tal como es. Así, bendito sea, como un niño.

De esa época quedan momentos históricos, como la Copa del 2011. La Liga se resistía y el Barça volvía a ganar la Champions, pero en la Copa, aquel 20 de abril de 2011, ganamos con un partido —para mí— heroico del Madrid. Con Sergio Ramos casi estelar y con un Pepe increíble en el centro del campo, que hasta lanzó un tiro al poste en la primera parte. Ganaron en la prórroga con un gol majestuoso de Cristiano Ronaldo, quién si no, de cabeza, tras un pase de Di María. Cristiano lo celebró ahí mismo, frente a los hinchas, en una celebración épica. Veníamos ya de una racha de derrotas y de *empalaguismo* del Barcelona. Estábamos un poco hartos de la propaganda culé sobre lo bien que jugaban, como si quisieran parecer perfectos; el tiquitaca, su olor...

Esa noche, Cibeles se llenó de gente y el equipo volvió de madrugada con el trofeo de la Copa del Rey en lo alto del autobús, con Ramos al frente, eufórico. Tan eufórico que, de lo emocionado, la Copa se le cayó al suelo y las ruedas del autobús la aplastaron un poco; una parte del trofeo quedó destrozada, hasta que el conductor paró, pero el daño estaba hecho y quedó un amasijo. «Se me ha caído», dijo Ramos. Para mí fue un momento divertido y casi icónico de su vida. Lo vuelvo a escribir: él es así y lo queremos tal como es.

Después de la Eurocopa de 2012, que volvió a ser un triunfo para España, culminando aquel ciclo glorioso e irrepetible, Mourinho choca con él. Ramos, con su carácter valiente, no se sometía a nadie; era amigo de Özil, y Mourinho, como hizo con otros, comenzó a «putear» al jugador alemán. Empezó a dejarlo en el banquillo inesperadamente, haciendo cambios que no eran habituales. Un día, Ramos, en una señal clara de desafío, se puso una camiseta de Özil debajo de la suya; quería meter un gol, quitarse la camiseta y que se viese la de Özil. Sergio Ramos puede alegar que nunca se vio, porque no marcó, pero las fotos de ese partido dejaron claro el reto al entrenador.

Contra Mourinho, al estilo Camas

Sabemos cómo es Mourinho y, en el siguiente partido, en el Real Madrid- Manchester City de la Champions, con lo que significa para todos la Champions, dejó a Sergio Ramos en el banquillo. El defensa decidió callarse ese día, no hablar con la prensa, pero sí hacerlo al día siguiente con el entrenador. Me cuentan que, cuando entró en el despacho de Mourinho, le agarró por la pechera y le dijo: «A mí no me haces esto, tú no sabes quién es Sergio Ramos; merezco un respeto, yo amo al Real Madrid y es la última vez que me haces esta putada». Cuando le soltó las solapas, me aseguran que Mourinho dijo a sus ayudantes: «Me gusta, tiene cojones, me gusta». Y debió ser verdad, porque no lo quitó nunca más. Ramos era así, no como Casillas, al que su silencio le hizo más daño. Ramos lo atajó, al estilo Camas.

También defendió a Pepe, porque fue un capitán que se defendía a sí mismo y a los compañeros. Y si había falta, también se encaraba con el presidente.

Con Mourinho llegó un momento crítico en los penaltis de semifinales contra el Bayern Múnich. Dejo escrito lo que siempre recalco: sí, los memes decían que lo lanzó a las nubes, que si el Sputnik, que si Marte... lo que queráis, pero él falló un penalti después de que ya hubieran fallado Cristiano Ronaldo y Kaká, dos Balones de Oro. No es que fallara un cualquiera, es que fallaron dos leyendas antes que él; sin embargo, todo el mundo se cebó con el penalti fallado de Ramos, el defensa y, para mi sorpresa, nadie dio importancia a los fallos de Kaká y Cristiano. ¿No es más grave que fallen ellos, siendo Balones de Oro, que se supone que pueden manejar mejor la presión?

Pero eso, conociendo a Ramos, lo hizo aún más fuerte. Lo apuntó: todos los que se rieron de él verían después cómo iba a tirar penaltis. Y vamos si lo hizo.

Antes tuvo otra noche de mala suerte en la Champions, en el partido de ida con el Borussia Dortmund, también en semifinales. Fue el día en que Lewandowski nos metió cuatro. Mourinho, para en el fondo vengarse de Pepe (que venía de una lesión y no estaba en forma), lo puso de central titular y a Ramos, que estaba jugando de central, lo colocó como lateral derecho, donde hacía mucho que no jugaba. Pepe naufragó con Lewandowski. Fue un caos que Mourinho echó en cara a Pepe: «¿Lo ves? Te quedas retratado». Pero lo pagó el Madrid, machote, no solo Pepe.

En la vuelta, Sergio Ramos, a cinco minutos del final, metió un golazo, que era el 2-0. El Bernabéu se encendió y, si me preguntan, al partido le faltaron tres minutos más para que nos clasificáramos con un tercer gol. Que, además, seguro que lo iba a meter Ramos, porque hizo unos minutos finales increíbles. Sin embargo, la desilusión al final fue dura para todos los madridistas.

Fueron malos tiempos, sí. Pero todos fueron vengados, cuando llegó el momento de Ramos.

El gol en el «noventa y Ramos»

Ahí salvó a su amigo Iker Casillas, que tuvo ese fallo en la final de Lisboa, en el tanto de Godín. El Atlético iba ganando hasta que llegó el minuto 93; bueno, el minuto 92 y 48 segundos para ser exactos: Luka Modric, uno de sus grandes amigos, le puso una bola mágica en la cabeza. Sergio Ramos atacó la pelota como nadie, se adelantó a Godín, hizo un giro perfecto de cuello y la metió abajo, picada, como mandan los cánones de los grandes rematadores de cabeza. El único sitio donde Courtois, el gran Courtois, no podía llegar. De hecho, el belga se estiró todo lo que pudo y el balón se quedó a tres centímetros de su mano derecha. Le faltó el canto de un duro para llegar.

Y marca un gol que todo el mundo en Da Luz, yo incluido, celebró como si hubiese sido el gol de la victoria. Los 30 000 atléticos sabían que era el de la derrota, y los 30 000 madridistas, que era el que nos daba la Décima, aunque hubiera una prórroga por delante. A partir de entonces, todos los goles pasado el minuto noventa son los goles del minuto «noventa y Ramos».

Por eso siempre diré que Sergio Ramos es el héroe de la Décima y lo será para siempre, le pese a quien le pese. Los atléticos no le perdonarán, pero ¿qué tenía que haber hecho?, ¿rematar fuera? Él jugaba para el Real Madrid y, además, se convirtió en el héroe que siempre había soñado. Por eso, también, Casillas le dio ese beso a su salvador.

Iker se fue al año siguiente, Sergio Ramos quedó como capitán y eso le dio más fuerza para renovación con el Real Madrid, y más cuando tenía una oferta del Manchester United (que era verdad). Florentino, que no estaba muy a gusto con la situación y el poder de Ramos, tenía muy claro que, un año después de Lisboa, no podía dejar que Ramos se fuera. Pero se lo apunta.

Y llega el ciclo triunfal con Zidane. En la final de 2016, con su gol en San Siro ante el Atleti del Cholo, Ramos demuestra su grandeza. ¿Que es fuera de juego? Tonterías, nadie lo protestó y en el Viejo Testamento es gol legal, no se puede pitar un fuera de juego en ese barullo. Además, luego el Atlético falló un penalti que no era, de Pepe a Fernando Torres. Por supuesto, Ramos tiró el cuarto penalti en la tanda, y el quinto lo lanzó Cristiano Ronaldo, quien lo hizo estupendamente. Yo estaba temblando en el palco de prensa: «Si alguien tiene que lanzar un penalti, que no sean ni Ramos ni Cristiano», pensaba, porque eran, y son, mis héroes.

Sergio Ramos levantó su segunda Champions en tres años y luego llegó la Duodécima en Cardiff, exultante como central y como capitán. Y también la siguiente, contra el Liverpool, contra Salah. Por cierto, no le lesionó; fue un forcejeo entre ambos y, por una cosa que se llama ley física, que es como un pulso, que gana uno de los dos, Salah cayó primero al tener menos fuerza. Pero no es culpa de Sergio Ramos: no le tiró, no le hizo ninguna llave de judo. Como le tenían gato a Ramos por ser el héroe de la Décima, se cebaron contra él, asegurando que era un leñero y esas tonterías. Yo puedo demostrar que varias expulsiones de Sergio Ramos son injustas: por ejemplo, una con Messi, que ni le toca pero, como el argentino pegó un salto como si le hubiesen disparado con una escopeta de perdigones, le sacaron la roja directa. Es eso de «críate la fama y échate a dormir». Sergio Ramos tuvo que jugar su carrera con esa cruz y lo hizo.

«¡¡Sergio, fiiirma!!»

Luego las cosas se torcieron con el presidente. Sobre todo, tras la eliminación con el Ajax, el 1-4 en el Santiago Bernabéu, tras el que tuvo una bronca muy sonada con Florentino Pérez. El presidente bajó al vestuario, indignado, y regañó a los jugadores por su actitud. Entonces Ramos le dijo. «Presi, usted vendió a Cristiano Ronaldo el año pasado y con él era más fácil ganar la Champions...».

En la pandemia también hubo algunas discrepancias. Yo entiendo al club y al presidente cuando pidieron el esfuerzo de recortar un 10 % el primer año, y en eso estuvieron todos de acuerdo. Pero el segundo año, cuando se volvió a pedir el mismo esfuerzo, Sergio Ramos comenzó a poner pegas. Como líder del vestuario, algunos jugadores le siguieron, aunque otros, en cambio, sí que estaban de acuerdo en bajarse otro 10 %. Fue ahí cuando Sergio empezó a perder peso en el vestuario.

Llegó el 30 de diciembre de 2020, en el partido contra el Elche, último encuentro antes del parón navideño. En el hotel Huerto del Cura, antes del partido, Florentino fue a la habitación de Ramos para decirle: «Sergio, tu relación con el Real Madrid termina el 30 de junio de 2021. Tienes que tomar una decisión de si renuevas o no». Porque Sergio Ramos estaba dando largas.

Florentino le ofreció un año de contrato, como a todos a partir de los 30 años, y el capitán, pensando en todo lo que había hecho por el club, creía que merecía que con él se hiciese una excepción y firmarle por dos años. Pero Florentino no cedió: era la norma y no podía hacer excepciones. Ramos insistió en todo lo que había hecho por el Real Madrid y, como no funcionaba, le avisó de que el PSG le quería, para juntarle con Messi, Neymar y Mbappé. Ramos, ingenuamente, pensó que Florentino se iba a asustar por esa oferta, pero el presidente, con autoridad, y muy bien hecho, le dejó claro que el Real Madrid está por encima de los jugadores.

A mí me dolió más que a nadie, y en *El Chiringuito* le defendí alguna noche y después le rogué «¡Firma, firma!», pero estuvo mal asesorado. En los mensajes que me mandaba, Ramos me decía: «Tomás, no es por dinero, es por respeto a lo que he hecho». Y yo le contestaba: «Pues mejor me lo pones si no es por dinero. Firma un año, que, contigo, todos vamos a saber que es más uno, más uno, más uno...» (como le pasó después a Modric).

Fueron muy duros esos seis meses finales, cuando sabíamos que se iba. Nos ganó la Liga el Atlético con unos arbitrajes infames y Sergio Ramos se lesionó jugando cuatro minutos contra Kosovo para sumar su partido 180 con España. Después, jugó en Champions, en el campo del Chelsea, un partido que el Real Madrid perdió por 2-0, y ya no se puso más la camiseta blanca. Se fue sin despedida, sin aclamaciones, al PSG, con frialdad. Y cuando volvió, en el famoso partido del PSG en el Bernabéu, en la remontada gloriosa, estaba lesionado; se sentó en el banquillo, entre los jugadores que no se vistieron de corto, y tuvo que ver la magia de su exequipo remontando sin él, siendo él, ahora, quien perdía la batalla. Me imagino lo que pasó por su cabeza en ese momento. Estoy convencido de que aquella noche en el Bernabéu, con Benzema y el Real Madrid enardecidos, Ramos hubiera hecho un pacto con el diablo para volver el tiempo atrás, decir que sí a un año y estar en el campo con la camiseta del equipo de su vida.

Pero Sergio, que se fue para muchos por la puerta de atrás, se dejó, durante 16 años, el corazón por el Real Madrid. Fue un grandísimo capitán. Mi capitán.

Datos de José Emilio Santamaría

Posición en el campo: Central.
Partidos oficiales con el Real Madrid: 337.
Goles marcados: 2.
Internacional con Uruguay: 25 veces.
Internacional con España: 16 veces.

Palmarés

4 Copas de Europa.
1 Copa Intercontinental.
6 Ligas.
1 Copa de España.

JOSÉ EMILIO SANTAMARÍA
El cacique

Era el Real Madrid de Di Stéfano, de Puskas o de Gento, el Real Madrid imperial de los años 50, pero no se habla tanto ni se nombra a José Emilio Santamaría, el futbolista que fue el *cacique* y el rey de la defensa de aquel equipo que coleccionaba Copas de Europa y cambió la historia del fútbol mundial.

Pepe es uruguayo, hijo de una gallega que, como tantos emigrantes, marchó al Río de la Plata. Él destacaba por su altura y corpulencia. Hablamos de finales de los 40, cuando nadie tenía un físico tan desarrollado, y él era un jugador con una estructura imponente, comparable a la de un Sergio Ramos actual: alto, ancho y poderoso. A los 16 años ya debutó en el Nacional de Montevideo. Nacional y Peñarol son como el Real Madrid y el Barcelona aquí. Y el Nacional, por cierto, vestía de blanco, lo que tal vez era una premonición de lo que sería su futuro.

En el Mundial de 1954, jugó con una selección uruguaya posterior al «Maracanazo», con jóvenes promesas. Santamaría tuvo una participación destacada, aunque su selección fuera eliminada en semifinales por aquella Hungría épica de Kocsis (y Puskas, aunque no jugó ese partido). Años después, me confesaba que perdieron porque el central que le acompañaba en la defensa tenía el hombro roto pero no quiso decírselo a sus compañeros para no perderse el partido. Todos los goles (4-2 terminó el partido) vinieron por su lado.

Curiosamente, fue el Atlético de Madrid el que primero intentó su fichaje. Tenían planeada una gira por Sudamérica, en la que incluyeron a Santamaría en la operación; sin embargo, la gira se suspendió y, como en aquella época no había móviles ni correos electrónicos y el mercado funcionaba de otra manera, la operación quedó en el aire y al final no se hizo. Luego, cuando el Real Madrid mostró interés, el Barça también intentó hacerse con sus servicios.

A pesar de esos éxitos internacionales, Santiago Bernabéu, siempre astuto, notó una debilidad en la defensa. Por eso determinó que necesitaban un central con jerarquía, alguien que liderara desde atrás, como lo hacía Di Stéfano en la delantera.

Pepe prefirió el Real Madrid. La transferencia fue por 125 000 pesos, una cantidad considerable para la época. Santamaría llegó a la capital de España justo el día de la final de la segunda Copa de Europa. Aunque aún no había firmado, Santiago Bernabéu lo invitó a presenciar el partido. El Real Madrid jugó contra la Fiorentina y la final se resolvió con goles de Di Stéfano y de Gento. El ambiente en el Bernabéu, con 120 000 personas en las gradas, era electrizante; incluso el Caudillo estaba presente, y eso que no iba mucho al Bernabéu, pese a que se diga, falsamente, que el Real Madrid era el equipo de Franco: ese día, como Madrid era sede de la final, no podía faltar. Santamaría quedó impresionado por la magnitud del estadio, la afición y la grandeza un club que acababa de ganar su segunda Copa de Europa.

La novedad de sacar el balón jugado

El Real Madrid, finalmente, lo fichó cuando tenía 28 años y encajó a la perfección. Era un defensa que no recurría al pelotazo, algo inusual en una época en la que los defensas se limitaban a despejar balones y a jugar sin complicarse.

Era lo que se denomina el «fútbol de alpargata», un fútbol con muchos delanteros, en el que los defensas tenían que hacerles llegar la pelota. Santamaría, en cambio, levantaba la cabeza y jugaba con una visión poco común en aquellos tiempos. Sacaba la pelota jugada, lo que no ocurría en el Real Madrid hasta entonces.

Muchas veces era Di Stéfano el que bajaba para construir el fútbol desde abajo. Quizá por eso Santamaría y don Alfredo se hicieron muy amigos, con mucha química, tanto personal como en el campo. Ambos tenían un carácter muy fuerte y Santamaría enseguida se hizo respetar: si tenía que pegar un grito, lo pegaba. Dice la leyenda que una vez tuvo una bronca muy fuerte con Di Stéfano y eso no solía pasar, pues todos callaban cuando Di Stéfano se cabreaba. Santamaría no, que era uruguayo y no se iba a dejar amedrentar. Eso les hizo más amigos. Una noche salieron con las mujeres: no había partido, fueron al cine y luego a una sala de fiestas muy conocida en la ciudad, sin esconderse; después de cenar, decidieron volver temprano. Al día siguiente, Santamaría fue a la oficina del Real Madrid, al lado de la Puerta de Alcalá, para recoger un encargo en Correos; solía ir, a ver si tenía algún correo de su familia en Uruguay. El gerente del club, Antonio Calderón, se le acercó y le dijo: «Espero que le gustase el espectáculo de anoche». Santamaría sorprendido, no se atrevió a responderle. Al llegar a casa le dijo a su mujer: «Nunca más». Y efectivamente, nunca más volvieron a salir de noche.

El puro de Bernabéu, la medida de las broncas

Ese era Santamaría, un hombre de disciplina máxima, de rigor personal y familiar. Fue un jugador indiscutible en la tercera Copa, que se ganó en Bruselas contra el Milán, y también en la cuarta, cuando vencieron al Stade de Reims por segunda vez (ya que había sido víctima en la primera final). Y, por supuesto, estuvo presente en el memorable, glorioso y legendario partido de la quinta Copa de Europa, contra el Eintracht Frankfurt en 1960 (7-3): uno de los partidos más memorables de la historia del fútbol, que no pudieron celebrar como merecían. Tras el partido, Santiago Bernabéu les prohibió salir porque la fiesta tenía que ser en Madrid, donde había preparado una celebración a lo grande. Así que, en el hotel, buscaron unas galletitas, *whisky* escocés, y se quedaron charlando en los sofás de la recepción, como si fueran señores mayores, hablando de la vida.

Don Santiago Bernabéu tenía la idea de que, tras la Guerra Civil, en el Real Madrid no se podía ostentar, porque todavía había gente que pasaba hambre, gente con dificultades económicas, y el club debía de ser un ejemplo de austeridad y grandeza, deportiva, histórica y de comportamiento.

Los jugadores tenían un «termómetro» con el presidente para conocer el humor con el que llegaba. Como siempre iba con su puro, si los futbolistas veían que venía masticado, sabían que se avecinaba tormenta, pues estaba muy enfadado y había estado mordiéndolo. Cuando el puro venía limpio, era que el presidente estaba relajado, no había problema e incluso bromeaba con ellos.

La sexta Copa de Europa se resistió. El año siguiente a la Quinta ocurrieron los atracos más grandes de la historia del fútbol, de dos árbitros ingleses, en la eliminatoria contra el Barcelona. «Nunca entendí cómo fue eso posible», me contó años después Santamaría. «Mira que, en mi país, Uruguay, hay desastres, pero aquello fue calamitoso. Cuatro goles legales anulados, uno tras otro. Busquen el vídeo: cuatro goles legales anulados. Yo creo que los árbitros ingleses estaban comprados, porque no podía ser que ese Madrid imperial estuviera siendo frenado de esa manera, justo en su momento cumbre», decía.

Santamaría ganó la Intercontinental (en 1960) contra el Peñarol, tras un empate a cero allí y un partido glorioso 5-1 en el Bernabéu, y después, la sexta Copa de Europa, la de 1966, aunque esa no se le suele contar. Seguramente fue la más triste a nivel personal, porque apenas jugó un partido y nada más, ni siquiera la final contra el Partizán, en Bruselas: De Felipe, un joven fuerte y bueno de la cantera, le quitó el sitio. Santamaría lo entendió, pero ese éxito en Europa también es suyo: cuatro Copas de Europa, seis Ligas, una Intercontinental y una Copa del Generalísimo. Doce títulos para un cacique uruguayo que hizo historia.

El triste Mundial de España en 1982

Sin embargo, lo pasó mal años después, en el Mundial de España de 1982, un mal recuerdo para todos y especialmente para él, que lo sufrió en carne propia. Santamaría entrenó al Espanyol con bastante éxito (de 1971 hasta 1978, 252 partidos), lo que le dio la posibilidad de ser seleccionador y estar en el banquillo nada menos que en esa cita histórica. Yo era un chaval que, como todos los españoles, esperaba mucho del Mundial. Pero era una época muy distinta a la actual, éramos casi parias, ya que no habíamos participado en los del 70 y 74 y habíamos hecho el ridículo en Argentina 78. En el 82 era nuestra casa, nuestro Mundial, nuestra revancha.

Como no tuvo que jugar fase de clasificación, España disputó muchos partidos amistosos, hasta 19 (nueve victorias, seis empates y cuatro derrotas); así se familiarizaba con el apoyo del público español en el Luis Casanova, que era como se llamaba el campo del Valencia, y llegaba al Mundial con buenas sensaciones.

La concentración fue en El Saler, en Valencia, muy monacal y rigurosa. En el primer partido, empatamos contra Honduras, una selección muy inferior: un 1-1 y gracias a que López Ufarte marcó de penalti. Fue un partido horrendo. Luego, en el segundo encuentro, el rival fue Yugoslavia, que se adelantó en el marcador; entonces, el árbitro pitó un penalti escandaloso para España, porque claramente se produjo fuera del área: López Ufarte lo falló, pero el colegiado permitió que se lanzara otra vez, sin ninguna vergüenza. López Ufarte dio el balón a Juanito, para que tirara y marcara; Saura hizo el 2-1. Pero la tercera jornada, contra Irlanda del Norte, fue un fallo tras otro. Nadie lo entendía: el equipo estaba roto y, aunque Irlanda no era tan fuerte, España perdió por 0-1 (gol de Armstrong) pese a jugar media hora con un jugador más por una expulsión al rival.

El ambiente estaba muy enrarecido también políticamente. Algunos decían que las medias blancas que llevaba Arconada, el portero vasco de la Real Sociedad, no eran por fetichismo, sino por temor a la ETA y para no llevar la bandera de España. Fuera como fuese, el equipo de Santamaría cayó en el grupo de Alemania e Inglaterra, que eran mejores. Perdió 2-1 el primer partido y empató a cero contra los ingleses. Y se acabó.

A Santamaría lo criticaron duramente por todos lados. Le echaron la culpa a la concentración tan estricta y aburrida.

Los irlandeses, por ejemplo, se fueron de juerga y borrachera la noche anterior al partido y ganaron al día siguiente; ellos entendían la vida de otra manera: se divirtieron, salieron felices al campo y les fue bien. A nosotros, el plan nos fue bastante mal y Santamaría estuvo sufriendo durante años; casi no salía de casa, recluido, con su familia y sus hijos.

Menos mal que estaba vinculado al Real Madrid. Después de dejar el banquillo de la selección, no quiso saber más de la carrera de entrenador, pero se unió a los Veteranos del Madrid con Di Stéfano y compañía, lo que le devolvió la ilusión. El club, que siempre lo cuidó, salió a su rescate y así recuperó la fe en el fútbol y en la gente.

José Emilio Santamaría no merecía el trato que recibió. No debería ser recordado por el fiasco de España 82, sino por la grandeza de aquel uruguayo que llegó del Río de la Plata para engrandecer la historia del Real Madrid desde la defensa.

Datos de Fernando Hierro

Posición en el campo: Central y centrocampista.
Partidos oficiales con el Real Madrid: 601.
Goles marcados: 127.
Internacional con España: 89 veces.

Palmarés

3 Champions Leagues.
2 Copas Intercontinentales.
1 Supercopa de Europa.

5 Ligas.
1 Copa de España.
4 Supercopas de España.

FERNANDO HIERRO
Un tipo que los tiene bien puestos

Todo equipo necesita un capitán, el futbolista que lo representa en el campo y fuera por su carácter, por su manera de afrontar la vida y el fútbol. Para mí, no es sencillo elegir uno entre mis 32 mejores futbolistas del Real Madrid. Sergio Ramos, como ya he contado, podría ser uno, pero Fernando Ruiz Hierro, uno de los grandes capitanes de la historia del Real Madrid, es, sin ninguna duda, otro de los grandes candidatos.

Es un líder natural que nació en Vélez-Málaga y que, curiosamente, tuvo problemas con la cantera del Málaga. Al probarlo, le dijeron que se volviera a casa, que no valía. Visto desde el presente, habría que buscar a quien tomó esa decisión tan equivocada y se atrevió a vaticinar que Hierro no servía para el fútbol. Pero su hermano Manolo, que era mayor y ya futbolista, le ayudó para que su carrera no terminase antes de empezar.

Aunque Fernando era delgadito, Juan Carlos Rodríguez, que estaba en el Valladolid, le fichó al verlo, en 1987. Le vio con poco físico, pero con muchas condiciones. «Si engordas cuatro o cinco kilos, vas a valer», le dicen. Y, efectivamente, así fue. Jugó en el Valladolid y ya mostró ser un futbolista con presencia. Participó en la final de Copa del Rey de 1989 en el Calderón, que el Real Madrid de la Quinta del Buitre ganó al Valladolid con un gol de Gordillo a los cinco minutos. Ese año, el Real Madrid se llevó la Liga y la Copa, uno de los pocos dobletes que ha logrado.

Mendoza, más listo que nadie

Fue después de ese partido cuando se intentó su fichaje. Pero fue el Atlético de Madrid de Jesús Gil y Gil quien se adelantó. Habló directamente con el Valladolid, incluso negoció el traspaso por 150 millones de pesetas, pero cometió un error grave: no comunicarse con el agente, Miguel Santos, ni con Fernando Hierro. En ese momento, Ramón Mendoza, que era astuto y muy inteligente, se enteró del asunto, llamó directamente a Miguel Santos y le dijo: «Oye, estamos interesados en ficharlo». Eso ocurrió a última hora, cuando el Atlético ya había anunciado su fichaje (incluso posó con la camiseta del Atlético, aunque no se la llegó a poner: solo la cogió con las manos), pero Hierro, cuando le dicen que puede fichar por el Madrid, como buen madridista, acepta sin dudar: «Voy al Madrid de rodillas».

Sábado, 22 de Julio de 1989 | 26

Podría fichar en breve por el Real Madrid

El caso de Fernando Hierro, en vías de solución

MADRID.— El defensa del Valladolid Fernando Hierro podría fichar en breve por el Real Madrid si accede a abonar al Atlético de Madrid los treinta millones que exige Jesús Gil para dar el visto bueno a la operación, según comentaron ayer a Efe Miguel Angel Pérez Herranz y Ramón Mendoza.

Atlético de Madrid y Valladolid habían suscrito un pre-

con Pérez Herránz al final de la Asamblea General de la Liga Nacional de Fútbol Profesional (LFP), en Madrid, declaró que "el asunto está en vías de solución".

Pérez Herranz indicó que no piensa conceder la baja al jugador hasta que el Atlético de Madrid cobre los 30 millones y que considera justo que el club colchonero reciba esta cantidad, "pues la propia Liga

El fichaje por el Real Madrid se disparó 100 millones más, debido a una cláusula que indicaba que, si llegaba a ser internacional, el Valladolid recibiría más dinero. Y, efectivamente, Luis Suárez lo llevó al Mundial de Italia en 1990, aunque no jugó ni un minuto. Pero ahí estaba ya con los mejores de España, mostrando su potencial.

Junto con él llegó otro central argentino, Óscar Ruggeri, con Toshack de entrenador. El Real Madrid ganó en esa temporada su quinta Liga consecutiva, con 107 goles a favor, un récord que tardó mucho tiempo en batirse. Pero fue dos años después cuando Hierro, totalmente asentado, se salió de verdad: metió 21 goles en Liga, que es una barbaridad; quedó segundo en el Pichichi: el primero fue un delantero del Atlético de Madrid, el extremeño Manolo. Esos 21 goles tocaron techo un día de abril de 1992, cuando le metió 4 goles al Espanyol, en un partido que acabó 7-0 para el Real Madrid. Hizo un póker, pese a no ser delantero. Jugaba ya en el centro del campo, porque Antic, que había cogido el equipo la temporada anterior y lo tuvo de líder muchos partidos ese curso, vio su potencial en el centro del campo y le situó ahí. Hierro se destapó como un goleador consumado e inesperado.

Es que tenía una potencia brutal. De hecho, el año siguiente, con España, metió el gol más importante de su carrera con la selección. Fue en el histórico partido en Sevilla contra Dinamarca en noviembre, cuando la entrenaba Javier Clemente. Expulsaron a Zubizarreta y nos quedamos con 10 contra la selección que había ganado la Eurocopa del año anterior. En un salto imperial, cabeceó para superar al que era el mejor portero del mundo, Schmeichel. Con ese gol, España logró el pase al Mundial de Estados Unidos en el 94. Yo estaba allí, de aficionado, con mis amigos periodistas, con los que formábamos una estupenda sección de deportes en *El Mundo*; éramos siete u ocho y estuvimos desde las diez de la mañana en Sevilla hasta las diez de la mañana del día siguiente, sin parar. ¡Éramos jóvenes y cómo disfrutamos de ese gol, de esa victoria, de ese éxito! Es difícil de explicar... una pasada.

Hierro empezó a coger una jerarquía brutal y también empezó a darse cuenta de lo duro que era el tema arbitral con el Real Madrid. Llegó a convertirse en el jugador con más tarjetas hasta que le superó Sergio Ramos. Hierro era contundente, pero yo creo que no iba con maldad. Algunas de sus entradas eran con fuerza y, como tenía ese físico, muchos rivales salían mal parados o parecía que los había reventado; luego veías la repetición y no era para tanto. A Ramos le pasó lo mismo más adelante.

El problema arbitral lo vivió desde el principio, ya en su primer año, en la final de la Copa del Rey de 1990, la que el Real Madrid perdió 2-0 contra el Barcelona y en la que se esfumó la oportunidad de volver a hacer doblete. En esa final, en Valencia, le expulsaron en la primera parte, por dos amarillas que fueron increíbles: en una, le pitaron una plancha cuando ni tocó al jugador del Barcelona, mientras que, previamente, García de Loza, el árbitro, había permitido que Gui-

llermo Amor le hiciera a Martín Vázquez una entrada brutal por la que ni amarilla le sacaron. Así que el colegiado dejó al Real Madrid con uno menos para la segunda parte, que fue, casualmente, cuando llegaron los dos goles del Barcelona.

Ahí empezó a frustrarse y comprendió que, antes de Negreira, los árbitros también se la tenían jurada. Lo comprobó en las dos Ligas que el Real Madrid perdió en Tenerife: la primera con García de Loza (¡otra vez!), la segunda con Gracia Redondo, ¡dos atracos escandalosos! Hierro se desesperó como nunca. Sobre todo, en el segundo partido, con Gracia Redondo: hubo dos penaltis a Zamorano que no pitó, pero es que, en otra jugada de la primera parte, un cabezazo de Hierro que era el 2-1 no fue gol porque Chano, defensa del Tenerife, hizo un espectacular despeje con la mano que Gracia Redondo, por sus narices, indicó que había despejado con la cabeza. Era penalti y expulsión. Hierro se desesperó, pero cogió la matrícula del árbitro.

La temporada siguiente, Gracia Redondo pitó un partido del Real Madrid en San Sebastián. Tras un forcejeo con Océano, el jugador de la Real Sociedad, Gracia Redondo expulsó a Hierro, pero esta vez el madridista no se calló: «No sabes cómo jodernos, no sabes cómo jodernos, no sabes cómo jodernos», le repitió, en su cara, indignado. Gracia Redondo, que le expulsó, no sabía dónde meterse, como si le hubiesen pillado con el carrito del helado, como si a Negreira le preguntasen «¿por qué lo hiciste?» y no tuviera respuesta.

Mi canción a Fernando Hierro

En el Mundial de 1994, al que fuimos gracias a su gol contra Dinamarca, Hierro hizo un pedazo de campeonato, con ese golazo que metió a Suiza, en Washington, en octavos. Hasta que Raúl rompió su récord, Hierro llegó a ser, con 27 goles, el máximo goleador de la selección española.

Se asentó en el Real Madrid, aunque no fueran los mejores años. Entonces llegó Jorge Valdano, quien entendió que la autoridad que tenía Fernando sacando el balón no la tenía casi nadie. Representaba la figura del antiguo líbero porque levantaba la cabeza, tenía autoridad en la salida de balón y daba pases de 40 metros rompiendo líneas, hacia los laterales o hacia Míchel.

La Liga 94-95, de Valdano, acabó con los cuatro años insoportables del Dream Team de Cruyff. Hierro era, junto con Sanchís o Rafa Alkorta, el líder de una defensa que fue la menos goleada del campeonato. Valdano, famoso por su buen ataque, se dio cuenta de que la defensa era fundamental. Así que ganan esa Liga, una Liga maravillosa, divertida, que todo el mundo disfrutó. Ya en ese año apareció Raúl, con su famoso debut en Zaragoza. Y Hierro lo apadrinó, lo «amamantó». Fue su mentor para enseñar todo lo necesario a quien sería el futuro capitán y el futuro líder del Real Madrid.

Ese año, los blancos jugaron la Copa de la UEFA y el primer partido fue contra el Sporting de Lisboa, que entrenaba Queiroz y en el que jugaba Luis Figo. Un gol de Martín Vázquez había dado la victoria en la ida en el Bernabéu y, a pesar de que los portugueses marcaron dos, un gol de cabeza de Laudrup dio el pase a la siguiente ronda. Estábamos todos muy contentos y en el avión de vuelta, porque entonces viajábamos juntos periodistas y futbolistas, empezamos a cantar: «Forza, forza, forza Míchel; Emilio, Emilio, Emilio Butragueño; Michael, Michael, Michael Laudrup; oe, oe, oe, oe, oe, Fernando Hierro». Él nos hizo una señal con el pulgar y se rio.

La inolvidable final de la Séptima

El momento culmen fue la inolvidable final de la Champions de 1998. En el minuto 10 le sacaron una tarjeta discutible, y yo, que estaba en la grada viéndolo, pensé: «Ostras, minuto 10 de una final, Hierro con tarjeta... no acaba el partido». Las caras de todos los que estábamos allí decían lo mismo, porque Hierro era un jugador que nunca regateaba un esfuerzo, que se sacrificaba por el equipo. Y la Juve tenía a Zidane, Del Piero y compañía. Puedo decir, sin embargo, que los 70 minutos siguientes fueron la mejor actuación que he visto jamás de un central en cualquier partido de fútbol. No solo del Real Madrid, sino de cualquier equipo.

Invito a la gente a ver el vídeo repetido de esa séptima Copa de Europa. Fue asombroso: la templanza, la seriedad, la capacidad de anticipación, la tranquilidad, el compromiso, la inteligencia táctica... no cometió ni un solo error en todo el partido, lo cual es inaudito. O sea, ni Beckenbauer ni Baresi juntos lo habrían hecho mejor, ¡los dos en una sola pieza, con todos los honores!

Levantó la Intercontinental y llegó la final de París contra el Valencia, en el año 2000, con la mala suerte de que se lesionó dos meses y medio antes, de menisco, y no se sabía si llegaría. Hizo todo lo posible por llegar a la final, pero tuvo que ser suplente. Fue cuando Del Bosque se inventó el famoso tridente, porque Hierro era tan importante que, para proteger al equipo sin él, como tenía dos carrileros largos brutales como Míchel Salgado y Roberto Carlos, metió una defensa de tres: Iván Campo, Karanka e Iván Helguera. El Valencia ni la olió, casi ni llegó a portería. Hierro entró en los últimos cinco minutos, porque se lo merecía.

Cuando llegaron los Galácticos, Fernando Hierro, ya como veterano, tuvo un nuevo papel, que fue el de acogerlos. Aunque la verdad es que no le hacía mucha gracia todo el ruido de los Galácticos, porque consideraba que ese adjetivo hacía de menos a los demás. Raúl, Roberto Carlos o él mismo eran jugadores de dimensión mundial y quedaban como relegados. Empezaron las tiranteces entre Hierro y el presidente, que se suavizaron con la Champions de 2002, pero estallaron al año siguiente pese a ganar la Liga.

El Madrid se la jugaba contra el Athletic de Bilbao en el Bernabéu, en el último partido. La Real Sociedad era el rival por el título y el Madrid necesitaba ganar para evitar problemas. En la víspera no se concentraban, porque, como eran los Galácticos, no les gustaba hacerlo y tenían ese derecho de decisión. Camacho se fue porque no entendía cómo no se podía concentrar al equipo el día anterior. Del Bosque, con más mano izquierda, mantuvo esa rutina porque veía bien al equipo.

La noche antes, Ronaldo llamó a Roberto Carlos y le convenció para ir a su casa, en plan tranqui. Pero la cosa se complicó y la noche se alargó bastante más de lo esperado. Roberto Carlos me ha confesado que, si él fuera entrenador y eso lo hace un futbolista, no se lo perdonaría. Hierro se enteró y les prometió *matarlos* si el Real Madrid no ganaba esa Liga. Ronaldo Nazario sacó su carácter feliz: «Tranquilo, capi, vamos a ganar, yo voy a meter dos goles y Roberto Carlos otro». El Real Madrid venció por 3-1, goles de Ronaldo, Roberto Carlos y Ronaldo. Genios y figuras.

Un adiós difícil

Todo, sin embargo, se complicó con la famosa «Noche del Txistu», que fue un caos total. Durante la celebración, Hierro, como capitán, tuvo uno de los problemas más serios. Primero, habló con Valdano (entonces director general), muy molesto por algo que había ocurrido al final del partido: durante la celebración de la Liga, un periodista de la Cadena SER había entrado al vestuario y eso enfadó a los jugadores, pues el vestuario es un lugar sagrado; la situación llegó a tal punto que Hierro cortó la fiesta: «Damos una vuelta al campo y nos vamos», ordenó. Así, no hubo una celebración en el campo como otras veces. Luego, en la cena en el Txistu, el ambiente estaba bastante tenso y siguieron las discusiones.

Fernando tuvo un encontronazo fuerte con Florentino Pérez, al punto de que le llegó a amenazar con no ir a las instituciones al día siguiente para celebrar el título. Al final reinó la cordura y fueron.

A pesar de haber ganado la Liga, siempre digo que el presidente se equivocó: una cosa es imponer disciplina y otra es despedir al entrenador y al capitán después de ganar la Liga. En una comida en el restaurante Señorío de Alcocer, que ya no existe pero era muy conocido, Florentino y los directivos decidieron no renovar el contrato ni a Del Bosque ni a Hierro.

Unos meses antes, Fernando había llegado a un pacto verbal con Florentino para renovar por un año más, pero esa noche se rompió el pacto. Fernando se fue dolido del Madrid, pero con el tiempo lo asimiló, lo entendió e hicieron las paces. La prueba es que años después, en la temporada 14/15, el año después de la Décima, fue contratado por el club, por Florentino, para ser ayudante de Ancelotti. No se llegó a la final de la Champions de milagro, por culpa de ese partido contra la Juve en el Bernabéu, en el que Morata marcó para los italianos y eso nos impidió repetir final.

Espero que quede claro que Fernando Hierro es un tío que los tiene bien puestos. Todos mis respetos.

Datos de José Antonio Camacho

Posición en el campo: Lateral izquierdo.
Partidos oficiales con el Real Madrid: 577.
Goles marcados: 11.
Internacional con España: 81 veces.

Palmarés

2 Copas de la UEFA.
9 Ligas.
5 Copas de España.
1 Copa de la Liga.
2 Supercopas de España.

JOSÉ ANTONIO CAMACHO
Así se tira la puerta abajo

El orgullo, el espíritu irreductible, un futbolista que jamás escatimó un esfuerzo. José Antonio Camacho es uno de los jugadores que mejor representan lo que es el Real Madrid. En mi equipo no puede faltar un Camacho, es más, ¡ojalá pudiera tener un equipo de once Camachos!

Fue un futbolista increíble, un lateral zurdo que podría haber sido uno de los mejores de la historia no solo del Real Madrid, que lo es, sino del mundo. Solo una grave lesión se lo impidió.

Sus padres se fueron a trabajar a Albacete y, de alguna manera, se puede decir que se «nacionalizó» albaceteño, pese a haber nacido en Cieza. José empezó a destacar desde muy joven, con solo 15 o 16 años, en el Albacete, que estaba en Primera Regional. El Real Madrid, siempre atento, supo del interés del Barça y aceleró todos los trámites para llevarse a ese futbolista que tanto prometía. Así, en marzo de 1973 ya estaba en Madrid, para hacer una prueba con el primer equipo; esa prueba consistió en marcar nada menos que a Santillana y Molowny, entrenador en ese momento, quedó impresionado: «Este chico sabe lo que hace», decía. Incluso, Santillana comprendió que nada podía hacer contra ese futbolista melenudo, tan intenso y limpio en su juego. Cuidado, porque muchas veces la gente confunde la intensidad con ser violento, y Camacho siempre fue intenso y nunca violento.

De hecho, solo fue expulsado una vez, en 1980, por el árbitro aragonés Pes Pérez, en un partido en campo del Hércules. Fue una expulsión completamente irracional, en medio de una trifulca entre varios jugadores, en la que Camacho no tuvo nada que ver ni tocó a nadie ni dijo nada. Pes Pérez, con los nervios del momento, probablemente le confundió con Santillana, quiso dar ejemplo y le mostró la roja; cuando la vio, a Camacho tuvieron que sujetarlo para que no se fuera a por el árbitro. Si no fuese por ese lunar negro de Pes Pérez, que no de Camacho, José habría terminado su carrera sin una expulsión, lo que muestra cómo era: un defensor duro, pero limpio.

Pasó esa prueba con el Real Madrid y se quedó en el Castilla, pero era tan bueno que, como refleja el dicho de los canteranos que él inventó, «derribó la puerta», la tiró abajo para jugar en el primer equipo. Y vaya si la derribó...

Y Cruyff conoció a Camacho

En 1974, con 18 años, debutó en La Rosaleda. Ese año fue cuando el Barça nos metió el 0-5 con Cruyff en el Bernabéu. Aunque el año no acabó mal, gracias a la goleada al Barcelona en la final de la Copa (ese 4-0 aprovechando que no podían jugar extranjeros), el Real Madrid terminó octavo en la Liga y el curso siguiente, tras una pequeña revolución en la plantilla, Camacho se asentó definitivamente: esa fuerza y ese orgullo no podían pasar inadvertidos.

Hubo un partido clave, el 5 de enero de 1975: Real Madrid-Barcelona, en el Bernabéu, con la gente aterrorizada por lo que había pasado el año anterior: acabó 1-0, victoria del Real Madrid. Ni Cruyff ni su equipo pudieron hacer nada y el holandés reconoció después que nunca le habían hecho un marcaje así en su vida y sin darle una patada. Ese defensa jovencito era pura anticipación, presión, velocidad, intuición, saber estar en el campo; y Cruyff no fue capaz de quitárselo de encima, insisto, sin recibir una patada. El partido de vuelta, en el Camp Nou, acabó empate a cero. Es decir, el gran Johan Cruyff, a quien ya se empezaba a reconocer como el mejor jugador del mundo en ese momento, fue incapaz ante Camacho.

Era lateral, pero subía al centro del campo para ayudar, porque tenía gran despliegue físico.

El que estaba fijo en el centro del campo madridista era Netzer, un alemán campeón de Europa y del mundo pero que llegó aquí un poco de vuelta, con 33 años, cuando estaba ya en las últimas. El Madrid tuvo un partido atascado en el Bernabéu y, en el descanso, por lo que me contaron, Miljanic le llamó la atención un par de veces: «Se te han ido; ya sé que tú no eres un perro de presa, pero tenías que haber ido a la ayuda y no fuiste». El alemán, para quitarse responsabilidad, echó la culpa al joven Camacho; este, entonces, se abalanzó sobre él y si no lo golpeó fue porque lo pararon sus compañeros. Los veteranos hacen mucho eso cuando ven que llegan los jóvenes pegando fuerte y ellos están en declive; piensan: «Hostias, al becario lo ponemos en su sitio». Y claro, el becario suele agachar la cabeza. Pero Camacho no, ni hablar.

Ahí fue cuando sentó sus reales. Por eso, siendo tan joven, empezó a ser uno de los líderes del vestuario. Hasta que llegó el día fatídico...

Una lesión terrible, que no pudo con él

El 5 de enero de 1978, tarde de Cabalgata de Reyes, el año en que se iba a jugar el Mundial de Argentina. Camacho iba a ir a su primer Mundial y él, muy patriota, estaba feliz. Pero ese día, quizás por el césped duro de la vieja Ciudad Deportiva, por las heladas y el frío de invierno de Madrid —que en aquella época era más crudo que ahora—, la rodilla le falló por completo. Gritó de dolor y todos se alarmaron: rotura de ligamento cruzado y del menisco. La rodilla destrozada, vamos. En esa época, esa lesión significaba casi el fin de una carrera. Camacho tenía 22 años.

Lo operó el doctor López Quiles, que también había operado a otros jugadores, como Cunningham, sin mucho éxito. Al futbolista inglés le hizo una cirugía en el dedo gordo del pie y este se pasó once meses sin jugar. A Camacho le dijo que en cuatro meses podría forzar para el Mundial de Argentina. Pero eso no sucedió, para nada, pues no podía ni doblar la rodilla. Los meses pasaban y Camacho se tiraba horas y horas en el gimnasio, desesperado.

Doce meses después, no había avanzado nada. Entonces, un especialista en ligamentos cruzados en Francia le miró, le abrió y le quitó unas adherencias en la rodilla que le habían quedado tras la operación y que eran las culpables de todo.

Entre medias, un día, en el gimnasio, cuando le cundía la desesperación, se encontró con Vujadin Boskov, entrenador del Real Madrid. «Camacho, cuento contigo, te voy a esperar. Cuando vuelvas, serás indispensable», le dijo. Eso le añadió aún más fuerza a la que ya tenía de por sí, que no era poca.

Y 20 meses después de la lesión, regresó. Escrito suena menos heroico de lo que fue. Porque fue increíble: esa lesión, en aquella época, te retiraba del fútbol. Pues a él, no. En la temporada 79-80 volvió como titular y lo fue casi todo el tiempo, hasta la temporada 88-89, cuando decidió retirarse.

Lo más alucinante es que no tuvo secuelas de la lesión. Camacho volvió a ser Camacho. De hecho, jugó dos Mundiales: el de España 82, de triste recuerdo (aunque él no tuvo la culpa, evidentemente), y el del 86 en México, donde estuvimos a punto de hacer historia si no hubiera sido por la maldita selección belga. Y también jugó en dos Eurocopas: la del 84, donde nos quedamos a un paso de ganar, en aquella final en el Parque de los Príncipes en Francia, y la de 1988 en Alemania.

El Madrid de Camacho: lo imposible no existe

Pero Camachito nos reservaba lo mejor de su repertorio para las noches mágicas del Bernabéu, esas remontadas que jamás olvidaremos. Esas *noches de blanco satén* empezaban con Camacho y con Juanito —también Santillana, pero sobre todo los dos primeros— arengando a la tropa después de la debacle de la ida, porque siempre el primer partido era un desastre y se resolvía en la vuelta con esas grandes remontadas.

Todo comenzó con el Anderlecht. Habíamos perdido 3-0 en Bruselas, de forma sonrojante. Parecía imposible remontar aquello, pero Camacho, en el hotel de Bélgica, ya les dijo a todos, con Juanito al lado: «Esto lo vamos a remontar en la vuelta. Somos el Madrid, nos los vamos a comer crudos a los belgas». Efectivamente, en la vuelta ganamos 6-1, la noche histórica de Butragueño ante el Anderlecht de Scifo.

Luego vino otra remontada aún más gorda, la del Borussia Mönchengladbach. El Madrid perdió 5-1 en Mönchengladbach, una barbaridad. Camacho, entonces, volvió a liderar la revuelta junto con Juanito. En el Bernabéu vivimos el partido más grande de nuestras vidas. Jamás lo olvidaré, la locura de estar con mi padre y mis amigos en ese 4-0, con el famoso último gol de Santillana en el último suspiro del partido, empujado por todo el estadio, entre dos centrales alemanes fornidos. La jugada del 4-0 la inició Camacho y él está en esa piña enloquecida al final. Ese era su Madrid. El Madrid donde la palabra *imposible* no existe. El Madrid de las remontadas increíbles, mágicas, milagrosas. El Madrid donde se lucha hasta el último minuto. El Madrid de Juanito, el de «hasta el último minuto, hasta la última gota de sudor».

Camacho levantó dos Copas de la UEFA (cuando jugaban el segundo, tercero y cuarto de cada Liga, cuando había equipazos de verdad) que, seguramente, lo resarcieron un poco de su noche más triste.

Volvamos a 1981: el Real Madrid jugaba ese año con el orgullo de querer ganar la Copa de Europa con «los García». Y Camacho, en el fondo, era un poco como uno de los García en ese espíritu de esa quinta: García Cortés, García Navajas, Pérez García, García Hernández, García Remón... No había mucho dinero y las estrellas eran Juanito, Santillana y Stielike. El Madrid perdió 1-0 con el Liverpool, pero todo pudo cambiar antes, en un balón largo, en el que la defensa inglesa intentó hacer un fuera de juego y no se dio cuenta de que Camacho había arrancado en posición correcta para quedarse solo frente a Clemence, el portero rival. No era su hábitat y, desde lejos, intentó una vaselina que se le marchó fuera, alta. Estoy seguro de que todavía hoy le duele al recordarlo.

Aunque en Liga tuvo que sufrir el mejor momento de los equipos vascos, después ganó cuatro con la Quinta del Buitre y por esto terminó con 9 Ligas. Se retiró en 1989 en el Bernabéu y, un año después, tuvo un homenaje más que merecido contra el Milan. Sí, ese equipo que nos tenía amargados y ya nos había quitado dos Copas de Europa. Pero el Madrid, en el Bernabéu, jugó como si fuera un partido oficial y ganó jugando un partidazo para despedir a su leyenda.

Tuvo mucho mérito porque, poco tiempo después, el Milan jugó su segunda final de la Copa de Europa consecutiva, contra el Benfica. Un año antes, en el Camp Nou, contra el Steaua de Bucarest, había ganado la primera. Yo estuve allí porque trabajaba para la agencia Colpisa; había 85 000 italianos en las gradas, el mayor éxodo de una afición rival a otro país. El Milan ganó 4-0 y la exhibición de Gullit y Van Basten ese día no la olvidaré en mi vida; Hagi, que era un jugador increíble, ni la olió. Pues ese equipo, el Madrid, le ganó en el Bernabéu, en el homenaje a Camacho, 2-1.

Al Ghandour, no te olvidaremos nunca

Camacho, que tenía muy claro que quería ser entrenador, se sacó el título en 1991 y empezó como ayudante de Di Stéfano en el Madrid. Pero quería volar solo. Entrenó al Rayo Vallecano y dejó muy buen recuerdo; luego fue al Espanyol. Y llegó un momento en que él ya lo decía abiertamente: «No pararé hasta entrenar al Real Madrid».

Lorenzo Sanz, después de echar a Heynckes tras ganar la Séptima, necesitaba un cambio de rumbo; lo fichó y todos felices. O casi todos, porque hubo un problema: estaba Onieva, que era un vicepresidente que hacía las cosas de una manera, digamos, no elogiable. Y Camacho, que siempre va de frente y es honesto y cristalino, sacrificó sus sueños por su ética.

Siempre iba con un preparador físico, Juan Carlos Lorenzana, que era su mano derecha. En el Real Madrid, a Camacho le hicieron un contrato aceptable, pero a Lorenzana le hicieron un contrato basura. Camacho, para solucionarlo, fue a hablar con Onieva, que era el hombre que manejaba la caja. «¿Esto qué es? ¿Cómo le vais a pagar esto? Para mí, este hombre es fundamental en mi trabajo. Si me haces un buen contrato, a él también le tienes que subir», le dijo. Onieva le respondió: «Un preparador físico no puede cobrar más». Y Camacho, sin alterarse, dijo la última palabra: «No hay problema, aquí tienes mi dimisión. No quiero ni una peseta, me voy». Y se fue, con la cabeza bien alta.

Después, como en la selección española se había terminado el ciclo de Clemente tras el ridículo frente a Nigeria en el Mundial de 1998, la Federación contrató a Camacho, que relanzó el espíritu de la Selección. Sus axilas sudorosas en la Eurocopa del 2000 de Bélgica y Holanda, la de aquellos goles de Alfonso a Yugoslavia en el descuento, son una de las imágenes icónicas de España. Hizo un buen campeonato e hizo un mejor Mundial de 2002, pero Al Ghandour, ese árbitro egipcio desvergonzado, y el linier de Trinidad y Tobago, probablemente primados por la organización, impidieron que España pasara a semifinales. Nos anularon los dos goles más legales de la historia. Un cabezazo limpio de Helguera, al que le estaban agarrando la camiseta —el árbitro Al Ghandour tuvo el descaro de pitar falta en ataque— y, luego, el gol de Morientes de cabeza, tras un pase de Joaquín, con el balón claramente dentro, rozando la cal pero ¡por dentro del campo! El linier, supongo que pensando en la paga que recibiría de los coreanos, levantó el banderín como un loco para evitar que España pasara a semifinales. Hubiesen sido contra Alemania, y la final, contra la Brasil de Ronaldo, Rivaldo y Ronaldinho. El egipcio del infausto recuerdo nos arrebató ese sueño.

«¿Para qué quiero a Owen?»

A Camacho, tras eso, le quedaba su última oportunidad como entrenador del Madrid. Se la dio Florentino en 2004, tras el fracaso de Queiroz. El presidente buscaba ADN madridista y nada mejor para eso que Camacho. Le tocó lidiar con los Galácticos, algo muy complicado, y más cuando ya empezaba su declive. Había llegado Beckham un año antes, la cosa estaba tensa entre Figo y el presidente, y Ronaldo, bueno, era Ronaldo...

Llegó la gira asiática, con muchos actos publicitarios y sin tiempo para entrenar. Y los entrenamientos que hacían eran con 40 000 personas en las gradas y gente saltando para pedir autógrafos a Ronaldo, Zidane, Owen, y a Beckham, que movía masas. Camacho asumía, como hombre de club, que eso daba dinero y había que aceptarlo, pero no dejaba de pensar que era una pretemporada mala en cuanto a preparación física.

Una de las noches tuvieron una cena con patrocinadores en Japón y era obligatorio que estuvieran varios de los Galácticos. Sin embargo, a los 20 minutos, varios de ellos se ha-

JOSÉ ANTONIO CAMACHO ALFARO
08/05/55 - Cieza (Murcia)
Vuelve como técnico al club donde alcanzó los mayores éxitos como jugador. Amante de la disciplina, sabe trasmitir como pocos su mentalidad ganadora y su capacidad de trabajo es encomiable. Tras formar tandem con Di Stefano en le Real Madrid, ha dirigido al Rayo Vallecano, Espanyol, Sevilla, Selección de España y Benfica.
PALMARES: 1 Copa de Portugal, ascensos a Primera con Rayo Vallecano y Espanyol, además de clasificar a la Selección para el Mundial de Corea.
ENTRENADOR
LFP
FICHAS
© 2004 Liga Futbol Profesional • Las Fichas de la Liga ® • © 2004 Mundicromo, S.L.

bían ido. Pepe Carcelén, el segundo, fue a sus habitaciones y no los encontró; sí que los vio volver, de madrugada, casi de día. Al día siguiente, Camacho le dijo a Butragueño que había que sancionarlos: «Tienes que entender que estos jugadores son las estrellas del proyecto», fue la respuesta. Así empezó la temporada y en el segundo partido, en casa, frente al Numancia, el entrenador decidió concentrarlos por la noche. Fue Zidane, que no salía de fiesta, quien llamó al presidente para explicarle que no se podía hacer eso. Después, Florentino llamó a Camacho para convencerle de que las concentraciones no servían. El partido se ganó por solo 1-0. La cosa iba mal. En la siguiente jornada, el Real Madrid perdió contra el Espanyol y Camacho lo dejó.

Nunca llevó bien ese Real Madrid. Antes de empezar la temporada, hubo rumores de que se iba a fichar a Owen. Camacho contaba con Ronaldo, Raúl y Morientes, por lo que no quería más delanteros. Yo me llevaba bien con el entrenador y con el presidente y, un día, Pedro de Felipe, exfutbolista y representante de Camacho, me llamó. Estaban juntos y querían saber qué había de cierto en esas habladurías. Como yo no lo sabía, llamé a Florentino y le dije que me había llegado de Inglaterra que se podía *hacer* a Owen. Me contestó: «Tomás, con todos los Balones de Oro que tenemos, ¿no te apetece tener un balón de oro más en la colección?». No hicieron falta más preguntas, señoría. Devolví la llamada a De Felipe: «Pedro —empecé—, es verdad». Y fue cuando se escuchó de fondo a Camacho: «¡Nooo!, lo sabía, lo sabía; noooo... pero ¿para qué quiero a Owen?».

No consiguió enderezar nunca ese barco y se marchó, aunque siempre mantuvo su vínculo emocional con el Madrid; de hecho, tiene muy buena relación con Florentino Pérez porque entiende que todo lo que pasó eran cosas del fútbol. El amor de su vida es el Real Madrid y nunca le va a dar la espalda. Camacho, siempre en mi equipo.

Datos de Roberto Carlos

Posición en el campo: Lateral izquierdo.
Partidos oficiales con el Real Madrid: 527.
Goles marcados: 69.
Internacional con Brasil: 128 veces.

Palmarés

3 Champions Leagues.
2 Copas Intercontinentales.
1 Supercopa de Europa.
4 Ligas.
3 Supercopas de España.
1 Mundial con la sel. brasileña.
2 Copas América con la selección brasileña

ROBERTO CARLOS
El fútbol es para sonreír

Como ya he escrito, Camacho es una especie de símbolo del Real Madrid, el ADN. Sin embargo, Roberto Carlos fue el lateral izquierdo más completo, el más espectacular, el más carismático, el más explosivo, el más increíble en su desempeño tanto en defensa como en ataque. Y, por encima de todo, jugaba con una sonrisa, lo que le hacía destacar aún más, porque representaba la cara amable del fútbol, la felicidad. Hasta un choque con un rival o una bronca los resolvía riéndose, con un abrazo, transmitiendo energía positiva a la grada. Por eso se convirtió en el ídolo de los niños cuando llegó al Bernabéu.

El Real Madrid, tras unos años un poco turbulentos y abruptos, le fichó. Él venía del Inter de Milán, pero solo estuvo un año allí, para suerte del Madrid, porque un entrenador británico, Hodgson, un «lumbreras», decidió que tenía que jugar de extremo, de mitad para adelante, sin darse cuenta de que hay carrileros —y de ahí viene la expresión— que necesitan 60 metros para desplegar su calidad. Ese era el caso de Roberto Carlos. Era un velocista y, si le dejabas solo 30 metros de margen y con defensas cerradas, lo matabas. Pero, cuando le permitías partir del carril del 3, por velocidad y potencia, se lo llevaba todo por delante.

En Italia no estaba contento, no era feliz, y los brasileños necesitan jugar felices. Esto lo entendió Lorenzo Sanz (que en paz descanse), que en el verano del 96, cuando se vistió como el mejor director deportivo de la década, tuvo la visión de fichar a Roberto Carlos, Suker, Mijatovic y Seedorf, cuatro *cracks*.

A Roberto lo fichó del Inter por 600 millones de pesetas, que ahora a la gente le puede parecer una cantidad ridícula, porque es el equivalente a 3,5 millones de euros, de risa. Pero, como no era muy conocido y no había triunfado en Italia, la gente decía: «Bueno, no es caro, pero tampoco es barato. Vamos a ver qué tal rinde».

Y vaya si rindió.

La hormiga atómica

En la tercera jornada de Liga ya deslumbró con un gol en el Benito Villamarín contra el Betis, con una falta directa desde 30 metros que entró como un obús. La gente ya empezó a flipar con su juego y con su forma de pegar al balón. Había una razón: un diámetro de muslo de 58,5 centímetros, una barbaridad, como un tronco de árbol. Y luego, en esos años, los estudios de mecánica empezaron a demostrar que, cuando tomaba carrera para golpear el balón, lo hacía a 57 km/h, es decir, ¡iba volando! Y una vez que golpeaba, el balón a veces superaba los 130 km/h; vamos, lanzaba auténticos misiles. Le llamaban «la Hormiga Atómica»; medía en torno a 1,68 metros, pequeñito, pero eso le hacía incluso más veloz, porque no tenía que desplazar mucho peso.

Se empezó a convertir en un verdadero problema para los laterales derechos rivales. Empezaban a ver que se les venía encima un volcán, un huracán, y no podían pararlo ni con faltas. En velocidad y en el uno contra uno, te dejaba atrás. Y luego, si le dejabas pegarle, evidentemente te la clavaba. Por eso metió muchos goles y se convirtió en un jugador fundamental de aquel Real Madrid de Fabio Capello, que ganó la Liga. El italiano, por cierto, fue clave para convencer a Lorenzo Sanz y ficharlo.

Capello sacó lo mejor de él, hasta el punto de que ese Real Madrid compitió con un Barça impresionante, el de Ronaldo Nazario, posiblemente el mejor Ronaldo Nazario que se haya visto nunca, pero, aun así, ¿quién ganó la Liga? El Real Madrid. Es verdad que no jugábamos en Europa, algo que solo ha ocurrido dos veces en la historia, porque la temporada anterior había sido un desastre: acabamos con Arsenio Iglesias en el banquillo y la grada medio vacía, con la gente indignada. Eso permitió a Capello y al equipo centrarse solo en el partido de Liga del fin de semana, mientras el Barça tenía que jugar la Recopa, que terminó ganando con Ronaldo. Pero la Liga se les escapó.

Hubo un partido clave, a tres jornadas del final, que el Barcelona perdió en el campo del Hércules, mientras Ronaldo estaba concentrado con su selección para la Copa América. Se dice que el Madrid primó al Hércules por ganar ese partido y, la verdad, a mí me parece bien, porque así el Hércules compitió con ganas y profesionalidad.

Autor de la «bomba inteligente»

Al final de esa temporada, en junio, Roberto Carlos jugó un amistoso con Brasil, en Francia, que pasó a la posteridad por un gol que muchos todavía recuerdan: la «bomba inteligente». Fue un tiro libre desde 30 metros que dejó sin palabras a Barthez, el portero francés. El balón sorteó la barrera, pero no de cualquier manera, ¡lo hizo pasando un metro y medio por fuera de ella! Lo increíble es que la barrera estaba alineada con el poste. O sea, si el balón iba tan desviado, cualquiera pensaría que se iba fuera, pero no... cuando se acercó a la portería, pareció como si alguien lo hubiera teledirigido con un mando a distancia, porque el balón tomó una curva perfecta y se metió en la portería. Fue una curva imposible, como un dron teledirigido, y el balón entró como un obús. Barthez quedó en *shock*; el estadio, en silencio... no lo podían creer. Fue un momento de estupor y admiración, seguido de una gran ovación. Ese gol fue tan impresionante que un medio británico, el *Express*, lo nombró «el mejor gol de la historia».

Aquel gol ya le dio una «patente» a Roberto Carlos en la forma de golpear la pelota, con la famosa *trivela*. Es un estilo que los brasileños pusieron de moda y consiste en golpear el balón solo con tres dedos: no con los cinco, solo tres. Roberto Carlos trajo esa técnica a España en su momento, aunque ya había sido utilizada por algunos antes, como Didí, que llegó al Real Madrid tras haber ganado el Mundial del 58 con Brasil en Suecia, pero no funcionó junto a Di Stéfano. Roberto Carlos lo hizo popular y metió muchos golazos, como uno de falta, en un Clásico en el Bernabéu, que el Real Madrid ganó 3-0: Roberto Carlos lanzó una falta desde 35 metros y el balón fue subiendo, subiendo, subiendo... ¡y entró por la escuadra! Increíble.

Roberto Carlos empezó en el Real Madrid con el pie derecho, aunque era zurdo. El primer año ganó la Liga, dejó huella con sus goles, su remate, su sonrisa y su explosividad... Pero había que ganar la Champions.

Tantos pases decisivos

Y lo hizo, en 1998, en la final contra la Juve. La gente a veces lo olvida, pero participó muy activamente en el gol de Pedja Mijatovic, que cambió la historia del Real Madrid. En la jugada, Roberto Carlos tiró un zambombazo de los suyos, el balón rebotó en Montero y el rechace cayó a los pies de Mijatovic, quien regateó a Peruzzi y marcó con mucha clase. Fue Roberto Carlos quien inició la jugada con su cañonazo, uno de esos tiros que eran casi indefendibles. En diciembre de ese año, el Madrid ganó la Copa Intercontinental casi 40 años después, en la final contra el Vasco da Gama, con el famoso «Gol del Aguanís» de Raúl. Pero el primer tanto del partido, el que abrió el marcador, fue otro chutazo de Roberto Carlos, que tocó en un jugador del Vasco da Gama —Nasa— y acabó dentro.

Ganó la Champions del 2000, frenando al Valencia, incapaz de llegar por su banda. Y ya con los Galácticos, en 2002, con la llegada de Zidane, ganamos la Novena. Roberto Carlos, una vez más, fue decisivo en la final. Primero, con un saque de banda brutal de 40 metros, una asistencia perfecta para que Raúl marcara; esa fue la primera. En el segundo tanto, dio su famosa asistencia imposible, un pase que parecía disparatado: Solari le pasó el balón y, al ver venir al defensa del Leverkusen, Roberto lanzó un voleón hacia arriba, como esos que dábamos en el colegio cuando queríamos alejar el peligro. El balón subió al cielo de Glasgow, unos 20 metros sin exagerar, y de pronto, como si estuviera confabulado con Zidane, comenzó a caer; y Zidane, en una postura aerodinámica perfecta, hizo la madre de todas las voleas. El gol más bello de la historia de las finales de la Copa de Europa y, en parte, gracias a Roberto Carlos. Quizás era la única manera de fabricar un gol tan hermoso. Con ese triunfo, Roberto ya sumaba tres Champions y estaba considerado por todos como el mejor lateral izquierdo del mundo, y, junto con Maldini, el mejor de la historia.

Antes había llegado Florentino a la presidencia y, a pesar de que Roberto Carlos había sido un fichaje de Lorenzo Sanz, se ganó el afecto del nuevo presidente. A diferencia de otros jugadores, como Fernando Redondo, que salió del equipo de manera un poco dolorosa, Roberto era intocable. Aunque fue un hombre de confianza de Lorenzo y muy cercano a su familia, Florentino reconoció su descomunal potencial. Tras esa final de Glasgow, le llegaron ofertas muy potentes del Manchester United, que lo quería fichar a toda costa, y también del Inter, que se dio cuenta del error de Hodgson y quería recuperarlo. Pero Florentino lo blindó.

Más tarde llegaron el periodo de barbecho de los Galácticos, la crisis y la dimisión de Florentino. Roberto Carlos sufrió mucho esos años porque era, y es, muy madridista y no se sabía cómo se iba a salir de esa situación. Hasta que llegó Capello y, con él, su último año en el Real Madrid. Ese adiós tuvo un aire casi poético: el entrenador con el que llegó y ganó su primera Liga era el mismo que con el que ponía fin a su carrera en el Madrid. Se marchó, pues, con otra Liga ganada, la inolvidable del Clavo Ardiendo, la Liga imposible.

Él marcó el gol decisivo en El Colombino ante el Recreativo (2-3), en el minuto 93, en un partido en el que parecía que se escapaba el campeonato. El Real Madrid iba ganando

0-2, pero el Recre empató en el minuto 85. En el 91, Higuaín corrió como un loco desde el área propia, por el centro, en una escapada hacia la locura; llegó entonces cerca del área onubense, se la pasó a Beckham y este, como quitándosela de en medio, la puso en la izquierda: por ahí llegó Roberto Carlos, como había hecho toda su vida en el Real Madrid, y su disparo acabó en gol. Hubo una piña en el suelo, todos abrazados a él, algunos con lágrimas. En el viaje de vuelta, todos lo jaleaban, todos coreaban su nombre, porque ese gol podría ser el que les diera el título, como así fue.

Hizo un tanto decisivo y se fue, se marchó del Real Madrid, con la Liga: la Liga del Clavo Ardiendo.

Agredido en el Camp Nou

Solo tuvo una cruz. Sus visitas al Camp Nou, en donde tuvo que sufrir la violencia irracional de la afición, como el partido en el que le lanzaron un mechero. Para la posteridad quedó esa foto mítica de su calva brillante sangrando. En otra ocasión, se metió un autogol que nos costó la derrota. Y en otra más, sufrió una expulsión por una entrada a Figo donde, aunque parecía fuerte, tocó el balón; el problema fue que entró con tanta potencia que, al dar a la pelota, también levantó por los aires al que después sería su compañero. Cuando Roberto Carlos iba, era como un tren de mercancías.

Fue un tipo que se enamoró del Madrid. Un tipo que enamoró al Madrid; trasladó la samba, la alegría de vivir y jugar bien al fútbol, al Bernabéu. Y un tipo que dejó una huella que nadie podrá borrar: ser el mejor lateral izquierdo de todos los tiempos: 69 goles y nada menos que 102 asistencias. Que un defensa tenga más de 100 asistencias es una barbaridad. A no ser que seas Roberto Carlos, «la Hormiga Atómica», el de la bomba inteligente, el brasileño al que todos los niños del Real Madrid querían.

Datos de Marcelo Vieira

Posición en el campo: Lateral izquierdo.
Partidos oficiales con el Real Madrid: 546.
Goles marcados: 38.
Internacional con Brasil: 58 veces.

Palmarés

5 Champions Leagues.
4 Mundiales de Clubes.
3 Supercopas de Europa.
6 Ligas.
2 Copas de España.
5 Supercopas de España.

1 medalla de plata con la selección brasileña en los JJ. OO. de Londres.
1 medalla de bronce con la sel. brasileña en los JJ. OO. de Pekín.
1 Copa Confederaciones con la selección brasileña.

MARCELO
Alma de delantero

En esta alineación y en esta composición de plantilla, que sé que es particular y asimétrica, me he visto obligado a meter a tres laterales izquierdos. Empecé con Camacho, que evidentemente es el alma del Real Madrid, como ya escribí; luego seguí con Roberto Carlos, que, como también escribí, es el mejor lateral izquierdo no solo de la historia del Madrid, sino del mundo y de la historia del fútbol; y sería injusto dejar fuera a Marcelo Vieira.

Marcelo tomó el relevo y la herencia de Roberto Carlos. Cualquier otro futbolista se habría arrugado ante un desafío tan grande. Con solo 18 años aterrizó en Madrid, con cara de pipiolo, de niño ingenuo, y ya le decían: «Tienes que ser el sucesor de Roberto Carlos». Ante eso, o eres muy muy muy bueno o estás condenado al fracaso.

De hecho, mucha gente, al principio, miró con cierto recelo a Marcelo porque la comparación con Roberto era inevitable, y más cuando coincidieron en la plantilla. Y ahí sólo podía perder. Pero Marcelo mostró el potencial que tenía, sobre todo en el aspecto técnico. Él sabía que no poseía el físico de Roberto, pero le sobraban una calidad técnica y una creatividad que, para mí, eran asombrosas. Eso lo convirtió en lo que fue: lateral zurdo titular del Real Madrid, un futbolista esencial en todas las competiciones, un coleccionista de títulos y un jugador maravilloso de ver.

Un pipiolo en manos de Capello

En 2006-07, en una temporada muy complicada con Capello en su segunda etapa, las cosas no iban bien, nada bien. Por eso, en el mercado de enero, Mijatovic, un director deportivo brillantísimo para mí, demostró que era algo más que el héroe de la Séptima; él y Carlos Bucero, que era su adjunto, su mano derecha e izquierda, un hombre muy bien metido en las entrañas del mercado de jugadores, ficharon como nunca. Esa pareja tuvo un radar que, en general, durante sus años en el club, funcionó bastante bien. La prueba es que el Real Madrid ganó dos Ligas seguidas tras la reestructuración que necesitó la plantilla después de la marcha de los Galácticos.

Ganar dos Ligas seguidas es algo que no ha vuelto a ocurrir desde entonces. Espero que, cuando alguien lea este libro, se haya repetido la hazaña, pero lo que es seguro es que, hasta el momento de escribir estas líneas, la última vez que hemos ganado dos Ligas consecutivas ha sido en la temporada 2006-07 y la siguiente.

En ese mercado de invierno, decíamos, Mijatovic y Bucero (ahora es el director deportivo del Atlético de Madrid) se sacaron de la chistera a Gago, mediocentro contrastado de Boca Juniors, por el que se pagaron 18 millones de euros; era el «bueno» del lote, aunque curiosamente fue al que peor le fue en el Real Madrid. También trajeron a un joven delantero del River Plate, Pipita Higuaín, por 12 millones de euros; viendo luego su rendimiento, evidentemente salió barato: fue un futbolista que pasó de los 100 goles con el Real Madrid y, aunque no me cabe en esta plantilla, tuvo momentos clave esos años; sus fotos icónicas son dos golazos: uno bajo la lluvia en Pamplona y otro, con Mourinho en el banquillo, en San Mamés, de volea, para cantar el alirón liguero. Y el tercero, el que menos importancia parecía que iba a tener, era Marcelo.

El Sevilla y otros equipos de Europa le querían, pero Mijatovic y Bucero le convencieron: «Olvídate de ellos», le dijeron. Los olvidó, claro, y vino al Real Madrid.

Debutó en Riazor, contra el Deportivo, en la segunda parte de un encuentro en el que Capello dejó en el banquillo a Ronaldo Nazario y Beckham, en lo que ya era un claro desafío. El Real Madrid perdió 2-0 en medio de una crisis gigantesca. La gente le vio muy jovencito y, aunque jugó poco en esos meses hasta el final de temporada, se enamoró del Madrid porque asistió a la famosa «Liga del Clavo Ardiendo». Eso le sirvió a Marcelo para empaparse del ADN del Real Madrid.

La «competencia» de Drenthe

En junio de 2007 se celebró la Liga en el Bernabéu y Roberto Carlos, con la bandera de Brasil y su familia, se despidió del club. Para la temporada siguiente, como Marcelo aún estaba un poco verde, se fichó al argentino Heinze, que podía jugar de central o de lateral. Y también a otro lateral izquierdo: Drenthe, un futbolista que parecía que tenía mucho futuro, dinámico, pero que acabó dando más noticias fuera del campo.

Una noche, el Real Madrid tuvo que utilizar su influencia para que las cosas no fueran a mayores y que no le cayera al holandés la multa del «pulpo»; puede que incluso evitase que acabara la noche en comisaría. Drenthe salió de fiesta y cuando volvía, de madrugada, a la altura de la plaza de Las Ventas, quiso cambiar de sentido, pegó un volantazo para dar el giro completo en un lugar donde no se podía, perdió un poco el control del coche y justo chocó, de golpe, con un coche de la

Policía Municipal. La escena es inimaginable: un coche de la Policía Municipal y un deportivo espectacular, de lujo, empotrado contra ellos en el lateral; y saliendo del cochazo, un joven futbolista con trenzas. Acababa de llegar a la ciudad y no se enteraba de las normas de tráfico de aquí, se creía que esto era Holanda o en fin... Volvamos a Marcelo.

A pesar de la competencia, el brasileño empezó a carburar, a jugar y a ser feliz. Ya era futbolista de verdad. Tenía muchísima calidad y, aunque atacaba muy bien, al principio se notaba que tenía que mejorar en defensa. Era imposible no compararle con Roberto Carlos, que también era atacante pero que tenía un potencial físico brutal y casi siempre volvía a tiempo para recuperar la posición. A Marcelo le costaba un poco más, pero, en ataque, la gente empezaba a ver cosas muy creativas y, sobre todo, la ponía muy bien con la zurda, con unos pases maravillosos; por esa razón, Pellegrini lo utilizó muchas veces de extremo izquierdo para aprovechar sus pases al área. Es verdad que ahí tenía menos responsabilidad defensiva, pero también es verdad que daba la sensación de que le costaba más sorprender al rival.

Esa idea de que fuera extremo se mantuvo muchos años. Por eso, temporadas después, el Real Madrid fichó a Theo Hernández y hubo varios partidos en los que Zidane puso a Theo de lateral izquierdo y a Marcelo por delante. Al final, los dos se solapaban y acababan, ambos, frenándose. Como Roberto Carlos, Marcelo siempre necesitó todo el carril para él y, con el trabajo que llevó a cabo a lo largo de los años, fue mejorando en el aspecto defensivo.

Su gol en Lisboa

Con todo, durante bastante tiempo despertó dudas. Por eso, con Mourinho, en 2011, llegó Coentrao y hubo debate en el madridismo: Marcelo era mucho más vistoso, pero Coentrao, con todas sus cosas, tuvo un par de años muy buenos físicamente; era muy rápido y, cuando se cuidaba, era muy bueno atrás. Se repartieron las titularidades con el entrenador portugués y también con Ancelotti.

Carlo, como es italiano, valoraba las cualidades defensivas de Coentrao y le dio partidos. Sobre todo, le dio la titularidad en encuentros fundamentales, como las semifinales contra el Bayern o la final de Lisboa. Pero yo no olvido lo importante que fue Marcelo en ese partido.

Él estaba un poco tocado porque parecía que iba a perderse la final de la Champions. Sin embargo, su gran momento iba a llegar. En la segunda parte, Ancelotti se dio cuenta de que, con el Atleti atrincherado tras el gol de Godín, el Cholo Simeone no tenía ni la más mínima intención

de buscar el 0-2: en el minuto 61, Ancelotti sacó al campo a Marcelo e Isco por Coentrao y Khedira, y el partido se volcó hacia el área rojiblanca. Marcelo empezó a penetrar por su banda, creando desequilibrios en la defensa del Atleti, aunque sin ninguna ocasión realmente clamorosa. Hasta el cabezazo histórico de Sergio Ramos.

En la prórroga, con el Atleti ya muy diezmado físicamente y después de la jugada primorosa de Di María y el gol de Bale, llegó el momento de Marcelo. Ahí demostró que tenía alma de delantero. Empezó a romper por el centro del campo, avanzando casi por el carril del 8, en vertical. Y claro, como era lateral izquierdo, los del Atleti pensaron: «Acabará abriendo el juego a alguno de los costados». El uno por el otro, todos miraban y Marcelo seguía avanzando. De repente, ya en la misma frontal del área, pegó un zurdazo raso; Courtois la tocó, pero no pudo evitar que entrase. El 3-1. Finiquitó definitivamente la Décima antes del gol de Cristiano Ronaldo.

Dos años después, llegó a la final de San Siro y, de nuevo, otro partidazo durísimo, intensísimo, con mucha guerra. Marcelo empezó a tener problemas musculares y los médicos le pusieron un vendaje. Iba cojo, pero, como ya tenía galones en el vestuario, pidió tirar el segundo penalti de la tanda, después de Lucas Vázquez. ¡Los dos laterales! Marcelo lo hizo con una tranquilidad asombrosa y, cojeando, batió a Oblak sin problemas. Demostró qué futbolista era, de qué madera estaba hecho: madurez, personalidad, atrevimiento y valentía.

También en Cardiff tuvo su momento. En la fiesta final, con 3-1 en el marcador, Marcelo penetró por la izquierda, levantó la cabeza y se la pasó a Marco Asensio, que hizo el cuarto. Y no solo eso: en la final de la 13.ª en Kiev, él fue quien dio el pase a Gareth Bale para la chilena histórica; fue un centro con la derecha, tras recortar hacia dentro, para dejarle la pelota perfecta al galés, que marcó el tanto de su vida.

Así que, en todas esas Champions de ese lustro maravilloso, Marcelo dejó su huella y su sello. Pero, claro, los años pasan y empezó a ser más veterano.

Su peor momento en el Real Madrid

En la segunda etapa de Ancelotti, ya no era lo mismo. Su físico había empezado a pesarle años antes y en ese momento ya era muy evidente. Así, las remontadas maravillosas, contra el PSG, el Chelsea y el City, Marcelo las vio desde el banquillo, con otra mentalidad, aportando al equipo, abrazando a Ancelotti y sufriendo como el capitán que era. Entendió perfectamente su papel.

Su peor etapa había ocurrido antes, con Solari en el banquillo. El argentino aterrizó tras el despido de Lopetegui y en una situación muy complicada para el Madrid, deportivamente hablando, porque la sombra de Zidane era difícil de superar. Solari decidió cargarse a Isco y a Marcelo y apostar por gente joven como Reguilón y Vinicius para revolucionar al equipo. Solari quería mandar un mensaje claro: o los veteranos rendían o no jugaban. Marcelo, en ese momento, estaba un poco a la contra, digamos, poniendo caras y resistiéndose. Era una novedad para él y le costó asumirlo. Yo creo que después comprendió que se equivocó. Quizá por ese aprendizaje, en esa segunda etapa de Ancelotti, asumió su rol indiscutible de suplente.

Aún dejó buenos momentos, pero ya no tenía la constancia de antes. Sin embargo, eso le permitió ganar su quinta Champions y lo más bonito fue que, en su despedida, pudo poner la bufanda a la diosa Cibeles con la Champions y la Liga. O sea, se fue por la puerta grande para volver, más tarde, al punto de origen, que era el Fluminense, donde, casi veinte años antes, un niño de 16 años había empezado a jugar al fútbol, a mostrar la magia brasileña, esa samba de la que tanto disfrutó el Bernabéu... durante tanto tiempo.

CENTROCAMPISTAS

Datos de Fernando Redondo

Posición en el campo: Centrocampista.
Partidos oficiales con el Real Madrid: 228.
Goles marcados: 5.
Internacional con Argentina: 29 veces.
Internacional con España: 16 veces.

Palmarés

2 Champions Leagues.
1 Copa Intercontinental.
2 Ligas.
1 Supercopa de España.

1 Copa América con la selección argentina
1 Copa Confederaciones con la selección argentina.

FERNANDO REDONDO
Una melena llena de principios

Si mi equipo va a jugar bien es porque en el centro del campo están la jerarquía, el liderazgo y la personalidad arrolladora de Fernando Carlos Redondo.

Era un futbolista que marcaba diferencias ya con su físico, que llamaba la atención con esa melena lacia y suelta que, como le pasaba a Julen Guerrero, lo convertía en el objeto de las *believers* de la época y levantaba pasiones. Pero es que es, cuando cogía la pelota con su bota izquierda, era asombrosa la elegancia con la que la dirigía, cómo protegía el balón para que no se lo quitaran. Y aunque es cierto que sabía usar muy bien los brazos para defenderse, era un futbolista que entraba por los ojos, que te gustaba de inmediato; de hecho, su elegancia le valió el apodo del «Príncipe».

Empezó a jugar al fútbol en Argentinos Juniors, aunque él era más de Independiente de Avellaneda. Su ídolo siempre fue Bochini, una leyenda del Independiente. Rápidamente, Redondo entendió que ser mediocentro y director de juego suponía asumir muchísimas responsabilidades dentro del equipo y eso le motivaba más que la búsqueda de goles o más que defender, aunque defendía, y muy bien, por cierto.

Aunque quería salir de Argentinos Juniors, no podía porque en esa época había una especie de derecho de retención. Lo bueno es que su agente sabía que el presidente tenía la costumbre de firmar todos los papeles sin mirar el contenido.

Un día, con mucha astucia, consiguió que, a través de un amigo, firmara sin revisar, como uno más, un documento que lo liberaba del derecho de retención. Así que fueron a verle a su oficina: «Oye, nos vamos». Y cuando les respondió que no podían por el derecho de retención, le dijeron que había firmado su renuncia. Se maldijo a sí mismo, pero no pudo evitar la salida de Redondo.

Fue el Tenerife quien tuvo el lujo y el buen ojo de echarle el lazo. A Redondo le apetecía mucho jugar en España, como buen argentino con raíces españolas, de gallegos, como dicen. Él ya tenía una querencia por el Real Madrid, gracias a Alfredo Di Stéfano, nacido en Argentina y mito del club blanco. Pero primero tuvo que pasar por la isla, donde aprendió a asentarse, a ser un poco la aguja del compás, a ser, en definitiva, el eje del equipo.

Eso sí, tenía un par de «contraindicaciones», por así decirlo: era tan zurdo que no usaba la derecha y no tenía disparo lejano, lo cual le alejaba del gol. Marcó muy pocos goles, pero no es que fallara, es que rara vez se acercaba a la zona peligrosa del rival. Él siempre quería guardar su guarida, proteger su terreno. Allí era el mariscal, el rey, y casi nunca se aventuraba fuera de la zona. Asumía ese hándicap, aunque quizás eso lo reforzó más como mediocentro posicional. Ahora está muy de moda eso de «juego posicional»: pues Fernando Redondo fue de los primeros en instalarlo. Ni se andaba con frivolidades ni perdía la posición, por eso no marcaba goles.

De Tenerife a enamorar al Bernabéu

Hubo dos episodios inolvidables, para los antimadridistas y para los madridistas, aunque con rictus completamente distintos. Fueron las dos famosas Ligas de Tenerife. Él estaba en ese equipo con Jorge Valdano en el banquillo y ahí ya comprobó lo duro que fue para los madridistas perder dos Ligas consecutivas. Fueron un escándalo, lo escribo una vez más, perdidas de una forma artera, por los arbitrajes vergonzosos de García Loza y de *Desgracia* Redondo —perdón, Gracia Redondo; es que no sé por qué me sale así al escribirlo. Bueno, quizá sí lo sé: porque fue una desgracia de arbitraje—.

Creo que esos dos partidos lo vincularon, ya definitivamente, con el Madrid. Lo pusieron en deuda, como dijo Valdano públicamente. En el verano del 94, Mendoza decidió fichar a Jorge porque se dio cuenta de que el equipo se había descontrolado tras la marcha de Benito Floro, muy traumática tras lo que había pasado en el vestuario de aquel partido en Lérida, cuando las cámaras grabaron su bronca a la plantilla. El movimiento de Mendoza fue un poco «si no puedes con tu enemigo, únete a él». Conocía que Jorge tenía el propósito de recuperar lo que había «quitado», como dijo en aquella famosa frase: «Vengo al Madrid para devolverle lo que le he quitado estos años».

Cumplió muy rápido, porque ganó la Liga hundiendo al Dream Team de Cruyff con un 5-0 en el Bernabéu, un partido que jamás olvidaremos. En ese equipo se instaló, con mucha jerarquía, Fernando Redondo, que mostró sin miedo toda la personalidad que tenía.

Y se ganó al Bernabéu desde el primer día. Ya sé que alguno me dirá «claro, sobre todo a los Ultras Sur»; sí, pasó, le adoraban y le hicieron un homenaje en un partido del Real Madrid contra el Milan, en el Trofeo Bernabéu. Le dieron una placa y Redondo lo agradeció porque fue un apoyo sincero, sin ninguna connotación violenta. Le apoyaban porque intimidaba a los rivales de una manera tan poderosa que les ganaba casi antes de ganar el partido. No hay que olvidar que, bajo su liderazgo y dirección en el campo, llegaron las dos Champions que acabaron con la sequía de 32 años sin nuestro título más querido.

Ya sé que mi Mijatovic fue quien pasó a la historia por su gol, pero en ese equipo tenía mucha importancia Fernando Redondo. Él fue uno de los grandes responsables de la Séptima por el partido de vuelta de la semifinal contra el Dortmund, tras el famoso día de la portería en el Bernabéu, que se ganó 2-0. En Dortmund, el Borussia, campeón el año anterior, fue un vendaval, pero Redondo se alió con Fernando Sanz —el partido de los Fernandos— y el choque acabó empate a cero: el canterano cerró cerró atrás y el argentino fue un tapón en el centro del campo. Es que nunca se arrugaba: se ofrecía, no se guardaba nada, tenía una agresividad sana, que es verdad que le costaba lesiones. Pero ese día su trabajo fue brutal. Aunque el Madrid estuvo nulo en ataque, pese al apoyo de la grada y pese a la maldición que pesaba en el Madrid cuando iba a Alemania, evitó que el Borussia marcase.

Ya en la final contra la Juve, contra Zidane, Del Piero y todos esos jugadores en su apogeo, Redondo siguió demostrando su valía, flanqueado por Clarence Seedorf, jugadorazo, y por Karembeu, que, por mucho que se burlasen de él, ganó la Champions y el Mundial de Francia ese 1998. Pocos lo han conseguido.

El taconazo como obra de arte

Dos años después, en París, contra el Valencia, en la final de la Copa de Europa, se vio cómo era Fernando Redondo. Sobre todo, en el túnel de vestuarios.

Antes no era como ahora, que se televisa todo; entonces no había cámaras dentro y los dos equipos esperaban en el túnel, separados por metro y medio. Redondo, que sabía cómo jugar el partido psicológico, se quedó mirando fijamente a Mendieta, que era la gran figura del Valencia. Era una mirada matadora, esa mirada canchera que tienen los argentinos. Mendieta no pudo aguantarla y agachó la cabeza. Entonces, Fernando se giró a Raúl, que era su amigo íntimo, y le dijo: «Pero ¿estos son los que nos van a ganar la Champions? ¡Vamos, no jodás!». Y Mendieta ya no levantó cabeza en todo el partido: salió al campo nervioso, errático, y no fue el jugador que todos conocíamos, ese que incluso Florentino Pérez quiso fichar a cualquier precio, porque era un jugadorazo. Ese día, Fernando Redondo lo apabulló completamente.

Su legado, aparte de esas dos Champions, se resume en aquella tarde maravillosa en Old Trafford, el Teatro de los Sueños, donde cumplió el suyo y donde el Real Madrid jugó un par de encuentros para la historia, Uno, este de Redondo, y otro, el Ronaldo Nazario y su *hat-trick*.

Digo «este de Redondo» porque protagonizó una jugada inolvidable. En la ida, en el Bernabéu, el partido había acabado empate a cero. Y en la vuelta, el Real Madrid iba ganando 0-2 cuando, en la segunda parte, Redondo llegó hasta línea de banda izquierda, casi a la altura del área; le marcaba, le atosigaba por la espalda, Berg, un noruego del Manchester United, y al argentino no se le ocurrió otra cosa que fabricar un caño con taconazo que se convirtió, a su vez, en un autopase. Se tiró un taconazo largo y comenzó una carrera enloquecida, dejando atrás a Berg, que era muy poderoso. Fernando fue más rápido y, cuando llegó al balón en la línea de fondo, lo que hizo primero fue evitar que saliese por la banda, y lo segundo, levantar la cabeza y, con un pase extraordinario al área pequeña, sortear a todos para dársela a Raúl, su amigo, su cómplice, que solo tuvo que llegar para poner la zurda y empujarla a gol.

«Lo que pasa en el pasto se queda en el pasto»

Fernando Redondo jugaba todos los partidos. Los del balón y los psicológicos. Le sucedió cuando estaba en Tenerife, en un encuentro contra Osasuna, en el que estaba Martín González: este le buscó durante el partido porque Redondo tenía amarilla y quería provocarlo; posiblemente le insultó, pero Redondo no contestó con palabrotas, sino que cogió hierba del césped y le dijo: «Come pasto, burro». Martín González lo contó después en los medios y el asunto se amplificó, pero el argentino nunca respondió ni contó nada. Él era un futbolista que respetaba los códigos: «Lo que pasa en el pasto se queda en el pasto» fue su única respuesta. Eso me marcó.

En el campo, tienes tus armas, como las usaban Hugo Sánchez, Koeman o Stoichkov y otros jugadores que tienen una agresividad emocional que anula al enemigo. Redondo era uno de ellos. Pero nunca contó nada. Lo que pasa en el pasto queda en el pasto.

Y cuando tenía un código, no lo traicionaba. Se negó a ir a la selección argentina, en el Mundial de 1990, porque la entrenaba Bilardo, que iba en contra de su filosofía futbolística. Ese equipo perdió la final contra Alemania, Bilardo dejó de ser seleccionador y entonces Redondo sí que fue convocado. Ganó la Confederaciones 92, fue elegido mejor jugador, y el año siguiente se llevó la Copa América. En 1994 estuvo en el Mundial de Estados Unidos y, cuando empezó a mostrar quién era, el positivo de Maradona rompió a la albiceleste.

No tuvo mucho más recorrido con Argentina porque llegó Passarella al banquillo y se negó a convocar a un futbolista que lucía esa melena. No era una melena que le llegara casi a los tobillos, era muy normal y, ya lo he escrito, el público femenino no estaba muy en contra de esa melena.

Se negó a cortársela.

«Hijo, te cogió en brazos una leyenda»

Yo tuve un encuentro con Fernando Redondo, ya retirado del Madrid, con la peña «Olaf el Vikingo», de Guadalajara. Jesús Romera, que era el presidente, me llamó: «Tengo una sorpresa para ti cuando llegues». Fui con mi hijo Marcos, que ahora tiene 22 años pero en ese entonces tenía dos, y de

repente vi aparecer a Fernando Redondo: «¿Pero qué haces tú aquí?». «Me llamaron, siempre me apoyaron y se la debía», me contestó.

Le hice una foto de mi hijo en sus brazos, que aún tengo guardada. Cuando se la enseñaba, de pequeño, le decía: «Tú no sabes quién te cogió en brazos, pero es una leyenda». Con el tiempo lo ha ido entendiendo, porque ha visto vídeos de Fernando Redondo y ya conoce qué tipo de futbolista y de persona es.

Redondo estudió Ciencias Económicas y es un lector compulsivo, amante de Borges, Benedetti y García Márquez. Siempre llevaba un libro de uno de ellos en las concentraciones. Además, es fan de la moda, la pintura y la música. No fue el prototipo de futbolista que sale del sufrimiento o de la pobreza social por el fútbol, él venía de una familia acomodada bonaerense —quizás por eso cuidaba tanto su estética— y no necesitaba el fútbol para vivir bien, pero se dedicó a ello porque lo amaba por encima del dinero. Por eso pudo hacer las renuncias que hizo en su día y por eso le dolió tanto cuando Florentino le comunicó que no iba a seguir.

No olvidemos que su último partido con la camiseta fue levantando la Octava en París, en ese partido contra Mendieta. Después le dijeron que se tenía que ir y lo fichó el Milan, por 3000 millones de pesetas, un pastizal. Allí tuvo la mala suerte de que al preparador físico, da igual su nombre, un necio e inútil del Milan, no se le ocurrió mejor cosa que, en el cuarto entrenamiento, obligarlo a hacer un ejercicio de saltos en vertical, para potenciar el salto. Al cuarto intento, la rodilla, esa rodilla que tantas guerras le había dado, reventó por varios sitios, entre otros los cruzados. Un desastre. Estuvo cuatro años en el Milan y solo jugó 33 partidos.

El último año, en un acto que le honra, le dijo a Berlusconi: «No voy a cobrar un euro, no se puede pagar a una persona que no hace su trabajo». Ese era Fernando Carlos Redondo, leyenda del Real Madrid, le pese a quien le pese, y siempre en mi equipo.

DATOS DE JOSÉ MARTÍNEZ SÁNCHEZ, PIRRI

Posición en el campo: Defensa y centrocampista.
Partidos oficiales con el Real Madrid: 561.
Goles marcados: 172.
Internacional con España: 41 veces.

Palmarés

1 Copa de Europa.
10 Ligas.
4 Copas de España..

PIRRI
Corazón tan blanco

Mi primer partido en el Bernabéu, ya lo he mencionado en alguna de mis publicaciones, fue en noviembre del 73, contra Las Palmas. Ahí estaba él, Pirri, con su número 4 en la espalda, su camiseta, pantalones y medias blancas impolutas. Con esas piernas arqueadas, que parecía que acababa de bajarse de un caballo pero que le daban una identidad única. Mi primer gran ídolo, el de la infancia, el que nunca se olvida y el que me hizo para siempre del Real Madrid.

Pirri era uno de esos jugadores cargados de grandeza y con sentido de responsabilidad. Era un centrocampista con alma de delantero, aunque acabó jugando de defensa central junto con Goyo Benito, o más bien en una figura que cada vez se ve menos: el líbero, que, con su calidad, sacaba el balón jugado desde atrás. Es verdad que tenía alma de delantero, pero el Madrid jugaba con él siempre al principio de interior y, en sus últimos años, fue defensa puro y duro. Aun así acabó con 171 goles, que se lee rápido; se quedó a uno de Butragueño. Pirri iba al ataque y era un dolor de muelas para los rivales, porque tenía mucha potencia. Además, le pegaba muy bien, fuerte.

Cuando Pirri empezó a jugar en el Atlético Ceuta, lo hacía de delantero. Curiosamente, lo llamaban «Pepirri»: ese mote, con el tiempo, iba a marcar su vida. Empezó a destacar y llamó la atención de algunos equipos, como el Espanyol, pero Kubala, que entrenaba al equipo catalán, no lo vio claro. No le convenció.

El Madrid, sin embargo, tenía un ojeador en la zona sur, que se llamaba Antonio Martínez Ruiz, que consiguió atar a Pirri. La operación fue sencilla, ya que el futbolista estudiaba Medicina y acabaría siendo médico. Organizaron un cambio de residencia por temas de estudios, rellenaron unos papeles burocráticos por el módico precio de 250 pesetas y Pirri, con 19 años, se vino a Madrid.

Y claro, en Madrid la rompió. Llegó en 1964: Di Stéfano se acababa de ir y todo el club estaba traumatizado por la marcha de su gran leyenda. Bernabéu, con ese don especial y su intuición, sabía que había que fichar gente joven y con hambre para superar su ausencia. Y Pirri comenzó a demostrar que podía ser uno de esos jugadores llamados a ser grandes.

Un debut inesperado

En el Real Madrid pasó de Pepirri a Pirri a secas. Su debut fue inesperado, en un partido contra el Barcelona en el que iba a ser suplente pero, sin embargo, ocurrió algo curioso: Félix Ruiz, que iba a jugar, se lesionó y su sustituto, Pipi Suárez, se lesionó también bajando del autobús. Entonces, Miguel Muñoz miró a Pirri y dijo: «Este es fuerte, rápido... ¡a jugar!». Y así fue como Pirri salió a jugar con el 10 a la espalda.

Fue una tarde gloriosa para Amancio Amaro, que metió tres goles, pero Pirri dejó muy buenas sensaciones. Esa temporada la finalizó con 9 goles y 21 partidos jugados. La gente se dio cuenta de que habían encontrado un filón, un futbolista con un espíritu de lucha inagotable.

En 1966, solo dos años después de llegar, ya era titular y lo fue en la famosa final de Copa de Europa de Bruselas contra el Partizán, en la que el Madrid se llevó la Sexta por 2-1, con goles de Amancio y Serena. Como bien dijo el desaparecido Pachín, «ganamos la Copa con once aldeanos», lo que es un orgullo. Es difícil encontrar algo similar en la era moderna:

un equipo occidental que ganara la Copa de Europa con todos sus jugadores titulares nacidos en el mismo país.

Pirri siguió acumulando grandeza y gloria. Ganó muchas Ligas. En sus 16 años en el Madrid, se ganaron 10 Ligas, con una regularidad asombrosa. De las Ligas de los 60, el Madrid ganó ocho y las otras dos fueron para el Atlético; el Barça, por su parte, ni las olía.

Además, se hizo un hueco en el mundo del corazón al casarse con la actriz Sonia Bruno. Al principio, a Santiago Bernabéu ese enlace le daba un poco de reparo porque tenía pánico a las actrices y cantantes, ya que creía que contagiaban una superficialidad que no le gustaba para el club que él presidía, siempre austero y trabajador. Así, intentó convencer al futbolista para que no se embarcara en esa relación, pero Pirri, muy seguro, no dio su brazo a torcer. Y llevaba razón. Se casaron en el 69, el año en que se llegó a la Luna, y tuvieron tres hijos. Uno de ellos, Dani Pirri, fue fisioterapeuta del Real Madrid.

La final de las botellas y la Laureada

Hay un partido muy especial para Pirri, la final de la Copa del Generalísimo en 1968, la famosa «Final de las Botellas», en el Bernabéu, contra el Barça. Fue uno de los mayores escándalos en la historia del fútbol. Ya contamos en otro libro cómo el árbitro Rigo pitó todos los partidos del Barcelona desde cuartos y también la final, contra el Real Madrid, con un arbitraje escandaloso. Un gol en propia puerta, un arbitraje unidireccional, masivo lanzamiento de botellas (por eso se la llama «la Final de las Botellas»)... Fue un escándalo.

Además, pasó algo que quedó en segundo plano pero fue una heroicidad: Pirri, el día anterior a la final, cayó enfermo con fiebre tifoidea. Estaba malísimo, pero jugó. Para colmo, durante el encuentro, se rompió la clavícula. Uno no puede ni imaginar lo que hubiera pasado hoy en día. ¡Lo habrían llevado directo a la UVI! Pirri, en cambio, terminó el partido. Le hicieron un vendaje fuerte y dijo: «De aquí no me muevo». Inaudito. A raíz de eso, Santiago Bernabéu le dio la primera Laureada del club.

Y aclaro esto porque hay una pequeña confusión histórica: años después, en la final de la Recopa (1971), que es el único título que nunca ha ganado el Real Madrid (aunque tampoco me quita el sueño, porque la Recopa era para los ganadores de Copas, un mal menor de los que no ganaban la Liga; por eso, el Barça, es el rey de las Copas). En esa final de la Recopa se tuvo que jugar en Atenas un segundo choque tras el empate del primero. Fue en la prórroga de ese duelo cuando se lesionó Pirri: acabó el partido y, lesionado, disputó el desempate días después. El Madrid perdió, pero esos encuentros dan la imagen de lo que fue Pirri, alguien capaz de jugar dos finales con la clavícula rota y acabar el partido. O sea, ¡una bestia!

Le quedó la espina de otra Copa de Europa. Fueron pasando los años y no hubo manera. No importó porque su despedida, en 1980, fue por la puerta grande, con la Liga que se ganó contra la Real Sociedad. El equipo vasco era un ciclón y ese año solo perdió un partido, el penúltimo contra el Sevilla, con dos goles de Bertoni, el que le dejó sin título. El Real Madrid, que había aguantado bien su ritmo y estaba al acecho, sí que ganó esa jornada a Las Palmas, en el Insular, y se puso por delante en la clasificación. Tenía que ganar al Athletic en el último partido para ser campeón.

El día más emotivo de mi adolescencia

Yo tenía 15 años recién cumplidos y sabía, por los rumores y por su edad, que era el último partido de Pirri. Vivía en Carabanchel y le dije a mis padres: «Voy a comprar una entrada infantil para ver el partido contra el Athletic». No quedaban ya de adultos para mi padre, pero me dio igual. Yo me las arreglé. Fui tres días antes, cogí el autobús y me compré mi entrada infantil, de 25 pesetas.

El día del partido cogí el autobús P18, que ahora se llama 118 e iba por la calle Camino Viejo de Leganés hasta Embajadores, y ahí cogí el 27, el famoso 27, que eran dos autobuses unidos, que se enroscaban como un gusano por el centro y te pegaban un tirón que parecía que te ibas a caer. Tardé casi dos horas en llegar, igualito que ahora; llegué una hora y media antes. Allí estaba, en mi córner, con otros 1500 críos apiñados (había que ser menor de 16) dejándome la garganta con mi bufanda del Madrid y mi gorra. Feliz.

Y Pirri metió su último gol con el Real Madrid de penalti, por la escuadra, un golazo, en un partido que el Real Madrid ganó 3-1. El Bernabéu y yo cantamos el alirón. Yo, sin nadie que me acompañase, pero con todos los chavales al lado, como si nos conociéramos de toda la vida, gritando a pleno pulmón: «Alirón, alirón, el Madrid es campeón».

Volví a casa sobre las ocho de la tarde, menos mal que los partidos eran temprano, y estaba mi madre esperándome intranquila por si estaba bien. A mi padre le conté cómo fue el partido de Pirri y del Real Madrid. Creo que fue mi primera crónica periodística: el ambiente, los goles y los cánticos del final, una tarde absolutamente inolvidable.

Pirri se marchó. Fue el primero en cruzar el charco —el pionero, porque en aquella época ningún jugador español jugaba fuera de España—, para aprovechar una suculenta oferta de México, del Puebla. Al año siguiente, le hicieron un homenaje precioso en el Bernabéu, contra la selección española; jugó su última media hora con el Madrid, con un empate a uno. Fue un homenaje sentido, como se merecía, para que se fuera por la puerta grande.

MÉDICO, DIRECTOR DEPORTIVO Y PRESIDENTE DE HONOR

Acabó la carrera de Medicina y el Madrid lo llamó para que formara parte del servicio médico. Estuvo varios años ahí, hasta que su sabiduría futbolística lo llevó a entrar en la secretaría técnica y acabó siendo director deportivo del primer equipo. Se hizo célebre por el *Informe Pirri*, que J. J. Santos desveló en el *As* cuando llegó Florentino, en el año 2000. Ese informe no tiene desperdicio y es bastante visionario; por ejemplo, Pirri decía que había jugadores con carácter complicado, como Eto'o, que debían ser cedidos pero que serían muy buenos en el futuro. Hicieron caso a medias: lo cedieron al Mallorca, pero luego fue vendido al Barça y el Madrid no lo aprovechó.

Tiene su historia la cesión de Eto'o, al poco de llegar Florentino Pérez a la presidencia. Un Real Madrid lleno de suplentes ganó al Milan un amistoso, en su centenario, por 1-5; los suplentes se lucieron y Eto'o, entre otros, hizo un partidazo. Él pensaba que con eso se iba a reivindicar para que Del Bosque lo mantuviera en el primer equipo, porque además, como había sido jefe de la cantera, le conocía y le tenía aprecio. Eto'o se reunió con Florentino, con Gento de testigo, y allí el presidente le comunicó que iba a ir cedido al Deportivo de La Coruña, que presidía Lendoiro. El futbolista camerunés se negó en redondo a gritos, sacó su carácter y le dijo a Florentino que no se iba, que ni hablar. El presidente no daba crédito a que alguien le pudiese hablar así. Acabó en el Mallorca.

El *Informe Pirri*, aunque muy acertado, fue un disgusto para él. Era un documento privado, que no debía publicarse. Pero la culpa no es del periodista ni del medio, es de quien lo filtra. De todos modos, Pirri no iba a seguir, porque Florentino tenía en mente contratar a Jorge Valdano, que, por cierto, fue luego un gran director deportivo. Pirri tuvo que asumir eso, pero, durante mucho tiempo, la relación fue un poco fría con Florentino, aunque siempre respetuosa. Él tenía esa herida clavada porque es muy madridista. A mí me dolía esa distancia, porque Pirri era mi ídolo y él lo sabía y me lo agradecía: «Nunca lo has querido ocultar. Por tu edad, podrías haber dicho que te hiciste del Real Madrid por Juanito», me ha dicho alguno. Evidentemente, luego Juanito se convirtió en mi megaídolo, pero el Tomás Roncero niño, el que soñaba con todo, se hizo del Real Madrid por Pirri.

Todo se arregló hace unos años, cuando Florentino entendió que un hombre como Pirri no podía estar alejado del Madrid. Empezó a invitarlo a las entregas de insignias a los socios por sus aniversarios en el club; es un acto muy entrañable, con los socios veteranos, y yo ya entendí que era una forma de crear puentes entre ambos. Ahí ya empezó a cambiar el tema y se cerró definitivamente cuando Amancio, por desgracia, supo que tenía una enfermedad terminal. Florentino decidió hablar con Pirri y le dijo que quería que fuera el siguiente Presidente de Honor del Real Madrid. Eso son palabras mayores, o sea: por mucho que tú tengas un pasado en el Real Madrid, tal honor —nunca mejor dicho— es inigualable. Pirri lo entendió enseguida y, por supuesto, aceptó encantado.

Cuando salga este libro, habrá cumplido 80 años, y ojalá dure mucho más, porque Pirri es un símbolo para todos los madridistas y un jugador de los que dejaron huella, porque lleva impreso el escudo del Madrid en su blanco corazón.

as
diario gráfico deportivo
Hoy empieza el Europeo
ESPAÑA, DEBUT ANTE HOLANDA
Y MAÑANA
REAL-ATLETICO
VUELTA
DE SEMIFINALES
MICHEL,
RECUPERA...

as
diario gráfico deportivo
CON POLEMICO ARBITRAJE DE BRITO ARCEO
3-4
GRAVE TROPIEZO
DEL BARÇA
ANTE EL SEVILLA
Ante Osasuna
y para despedir
los 80
Arte y goles
EN VALLECAS
RAYO, 1
MALAGA, 0
¡FELIZ AÑO 1990!

as
diario gráfico deportivo
Minguela y Villarroya,
por primera vez
HOY SE DECIDE SI SE OPERA
Míchel:
ayer, a todo gas
FRENTE AL VALENCIA,
DE NUEVO HUGO
Gil,
medidas
drásticas
ESTA TARDE
(20.00, TV-3)
OVIEDO-
BARCELONA

Datos de José Miguel González Martín del Campo, Míchel

Posición en el campo: Centrocampista.
Partidos oficiales con el Real Madrid: 559.
Goles marcados: 130.
Internacional con España: 65 veces.

Palmarés

2 Copas de la UEFA.
6 Ligas.
2 Copas de España.
1 Copa de la Liga.
4 Supercopas de España.

MÍCHEL
Claro que te lo mereces

José Miguel González Martín del Campo, Míchel, es un ganador nato, un obseso del fútbol. De jugador le decían que era un «agonías» porque se leía toda la prensa deportiva, pero también porque tenía alma de entrenador y estaba muy interesado por el fútbol. Míchel es un magnífico «picado» de este deporte, cosa que yo siempre defenderé.

Creció en la colonia de San Cristóbal de Los Ángeles. Su padre es don Miguel, «el Manzana», que era del Atlético (y Míchel, de niño, también fue rojiblanco), y enseguida vio que su hijo jugaba como el lugar de donde eran, es decir, como los ángeles, con una calidad tremenda; sobre todo, en una pierna derecha estupenda, pero también manejaba bien la izquierda y, encima, tenía buena planta.

Su padre había estado ligado al fútbol y conocía a gente del Atleti. Como tenía amistad con Joaquín Peiró, una leyenda del club rojiblanco y uno de los responsables de la cantera, le pidió su opinión, porque ya veía que su hijo tenía algo especial. Le hicieron una prueba y, para su sorpresa, Joaquín Peiró le dijo: «Tu hijo no solo vale para jugar al fútbol, sino que es buenísimo». Y como era buenísimo, fueron listos, pensaron en él y decidieron hacerle una prueba en el Real Madrid. Esa fue la generosidad de Joaquín Peiró, quien consideraba, yo creo que con buen criterio, que la proyección de Míchel sería mayor si estaba en el Madrid que en el Atlético. Don Miguel se lo explicó a su hijo: con el Real Madrid sería más fácil ganar Ligas, más fácil jugar la Copa de Europa; todo es más fácil que estar todo el día diciendo «somos el Pupas».

Míchel hizo la prueba en el Madrid y, claro, era tan bueno que no tardaron ni un minuto en cogerle para la cantera. Empezó en el infantil y de ahí pasó a juvenil, donde empezó a despuntar y se convirtió en el gran asistente de Pepe Mel, que ya tenía maneras de goleador. Y va coincidiendo con los de la Quinta del Buitre. Él es de la edad de Butragueño, ambos del 63, mientras que Martín Vázquez y Sanchís eran más jovencitos, del 65.

Su extraño debut en Primera

Míchel debutó en el Castilla con 18 años, primero con Santisteban y la temporada siguiente con Amancio Amaro, que siempre le quiso, no como Di Stéfano. Lo curioso es que Míchel debutó ese año en Primera: hubo una huelga de futbolistas y, en un partido que se jugó en Castellón, en Castalia, el equipo, que apoyó el parón, se presentó con los canteranos. Míchel jugó ese partido y el Madrid ganó con un gol suyo de un penalti que, por cierto, tiró con mucho temple.

En el Castilla ya coincidió con un jovencísimo Sanchís, con un jovencísimo Martín Vázquez y con Emilio, el Buitre. Con esos futbolistas se vio un Castilla goleador y de buen juego, con Míchel situado en el centro del campo por la derecha. Sanchís jugaba en el eje del centro del campo, como mediocentro defensivo; Martín Vázquez, por la izquierda: una barbaridad.

A finales de 1983, llegaron los ascensos: primero de Sanchís y Martín Vázquez, que jugaron en La Condomina de Murcia por decisión de Di Stéfano, y ese año también debutan Butragueño y Pardeza. Pero, como Di Stéfano se olvidaba de Míchel, este se empezó a agobiar y a sentirse el patito feo de la generación. Lo vio tan mal que muchas veces despertaba sobresaltado de la cama, diciendo: «Mañana me echan, mañana me echan del Madrid». Ya entonces era muy madridista; posiblemente, de la Quinta, fue el más apasionado del Madrid. Tuvo una oferta del Málaga y se lo empezó a pensar, pero el Madrid pidió mucho dinero porque Míchel ya había demostrado que era muy bueno, sobre todo en un torneo en Mónaco, donde le señalaron como «el gran talento europeo».

Con Míchel, el Castilla había sido campeón de segunda en 1984. Nunca un filial había ganado la segunda categoría y nunca volverá a suceder. Ese año quedó por delante del Athletic de los hermanos Salinas, que fue subcampeón. Míchel fue el más protagonista de todos, porque Butragueño, Sanchís y Martín Vázquez jugaban partidos muy sueltos y esporádicos, porque ya estaban en la dinámica del primer equipo.

El año siguiente, sin Di Stéfano y con Amancio en el banquillo del Real Madrid, Míchel redebutó en primera, y cómo lo hizo: con el 7 en la espalda, jugando por la izquierda y contra el Barça en la primera jornada de Liga. Cosas de antes, cuando los sorteos eran puros, no como ahora. El resultado fue Real Madrid 0-3 Barcelona: Víctor y Calderé nos destrozaron; no he visto dos tíos correr más en mi vida, es que parecían dos locomotoras.

El equipo, sin embargo, empezó a crecer, sobre todo en la Copa de la UEFA. Amancio tuvo una eliminatoria turbulenta, la famosa del Inter, que le costó la destitución, y ahí entró Molowny, con su mano izquierda. En la final contra el Videoton, el Madrid ganó 0-3 la ida, con un gol de Míchel, de volea, precioso; y en la vuelta, aunque el Madrid perdió 0-1, se ganó la primera UEFA. Esa Liga, aun así, se la llevó el Barcelona. Pero después ya comenzó la etapa buena de la Quinta en el Real Madrid, con la segunda Copa de la UEFA y las cinco Ligas seguidas.

Míchel se convirtió muy pronto en el ídolo de la afición. Los ultras le empezaron a adorar y eso se hizo extensivo a todo el campo con un cántico: «¡Míchel, Míchel, Míchel; el mejor, el mejor, el mejoooor!», lo que no estaba nada mal en un equipo con Butragueño, Martín Vázquez, Sanchís y otras figuras. Los pases de Míchel, sus famosas *bananas*, alimentaron durante muchos años a Butragueño y Hugo Sánchez; muchísimos de los goles del mexicano al primer toque llegaron por los pases de Míchel, a pesar de que tenían sus piques. Hugo iba mucho con Martín Vázquez, y Míchel, con Butragueño y por otro lado. Ellos decían que no tenían relación para cenar juntos, pero luego, en el campo, eran los mejores aliados.

Entre Valderrama y aquel partido contra el Espanyol

Míchel, como Hugo, también sabía cómo distraer al rival. Fueron famosos sus tocamientos a Valderrama en un partido con el Valladolid. Eso es lo que ahora llamaríamos «el otro fútbol», que las cámaras de televisión empezaban a captar. Fue algo sin ninguna malicia; era solo para distraer a Valderrama y que no pudiera rematar. Por desgracia, en una sociedad mucho más cerrada que la de ahora, eso hizo que en muchos campos le gritaran cosas ofensivas a Míchel, insinuando su orientación sexual, aunque ese no era el caso. Al contrario, Míchel era uno de los futbolistas más deseados por muchas mujeres en España, aunque siempre ha sido fiel a su esposa y a su familia. La verdad es que esas burlas no le afectaban porque Míchel tenía mucho aguante y estaba acostumbrado.

Como todo el madridismo, se obsesionó con la Copa de Europa y ahí se empezó a atascar. La eliminatoria contra el PSV Eindhoven fue la más dolorosa, con ese empate en Holanda que nos echó en semifinales. Un árbitro infame, el suizo Bruno Galler, y un rival que tuvo suerte, con las paradas de Van Breukelen, fueron definitivos. Era un partido para 0-5, sin exagerar, y quedó 0-0. Además, el PSV perdió fácilmente cinco minutos porque el 0-0 les valía por el valor doble de los goles, pero, en el minuto 90, sin descuento, Bruno Galler pitó el final, algo inaudito. Entonces Míchel, sumido en la impotencia, cogió el balón, le dio un pelotazo y se fue a por el árbitro; le dijo de todo menos guapo. En ese momento, la verdad, estaba compartiendo todo lo que estábamos diciendo los madridistas a la pantalla de televisión. Le costó varios partidos de sanción, pero Míchel era así: la pasión le desbordaba y ese día, como él dijo, fue «el más triste» de su carrera deportiva.

Después llegaron las eliminatorias famosas con el Milan y Míchel encontró a su némesis, que era Maldini. Míchel por la banda derecha era Dios, pero es que Maldini por la izquierda se consagró como un lateral increíble. Era un duelo de guapos, porque, si los juntabas a los dos, no salía ninguno ni medio feo. Sin embargo, el 5-0 fue muy duro. Ancelotti, por cierto, metió el primer gol de falta directa, que yo creo que Buyo no estuvo muy fino y se la comió. Míchel tuvo muchas

críticas, para mí un tanto injustas, porque parecía como que la culpa era solo suya, cuando Schuster, que estaba a su lado, hizo menos ese día, al menos para mí.

El caso es que hubo una parte de la afición, el famoso *Tendido del 7* del Bernabéu (insisto, el *Tendido del 7*, no toda la afición), que poco después, cuando ganamos la Liga contra el Espanyol, en un partido que ya iba 1-0 en la primera parte, pitaba a Míchel cada vez que cogía la pelota. Se escuchaban 15, 20, 30 pitidos, no más, pero claro, eso le fue cargando. Era un día de fiesta, se suponía; un día de celebración, un día para sacar la Copa porque, oye, habíamos ganado la Liga, y además por cuarto año consecutivo: una hazaña. E, incomprensiblemente, recibía pitos. Míchel, de sangre caliente, en el minuto 44 volvió a recibir pitos y no tuvo paciencia ni para esperar un minuto más: se marchó directo al vestuario, desconcertado. Estaba llorando de rabia, llorando de orgullo. Insisto, él sabía que no debía hacerlo, que se equivocaba, pero entendí su reacción, tan humana. No es normal que tus propios legionarios, tu propia tropa, tu propia guardia pretoriana, sean quienes te insulten, te silben, te digan de todo.

Míchel tenía un carácter fuerte, mucho orgullo, y no tenía esa templanza que a lo mejor sí tenían Butragueño o el propio Sanchís, que eran más fríos. Él era así y eso también es parte de su carisma. A mí no me importaba que tuviera esos arrebatos; yo le amaba como jugador.

Su gol a Brasil y los tres que sí contaron a Corea

Su trayectoria con España también es brillantísima; llegó a meter 21 goles, algo que en su momento era casi inigualable en la historia de la selección, a solo dos goles de Di Stéfano. Con Miguel Muñoz tenía mucha confianza y, además, hizo un gran Mundial en México, pese a que la gran estrella fue

Emilio Butragueño. La participación de Míchel estuvo marcada por una jugada: en el primer partido, contra la Brasil de Sócrates y compañía, pegó un tiro espectacular desde fuera del área y el balón entró medio metro en la portería de Brasil, pero con la mala suerte de que, por el efecto, salió hacia afuera; Chris Bambridge, un árbitro australiano, y su linier se hicieron los locos y no dieron gol. No existía la tecnología de ahora, pero es que no entró por poquito, sino al menos medio metro. Fue una absoluta vergüenza. España acabó perdiendo 1-0 y fue una pena, porque ese tanto le hubiera dado todo el reconocimiento a Míchel, porque fue un golazo, un chutazo, con ese estilo que tenía... ¡bum!, entró como un cañón en la portería. Mala suerte.

Eso a Míchel le dio mucha rabia, porque en 1988, en la Eurocopa de Alemania, fue de los más brillantes pero el equipo no estaba bien y tampoco se hizo gran cosa. Y dos años después llegó el Mundial de Italia. Tuvo dos episodios. Uno en la segunda jornada, contra los coreanos, cuando metió tres goles; no uno ni dos, sino tres. La crítica había sido tan grande en los primeros partidos, sobre todo en el partido contra Uruguay, que Míchel, dirigiéndose a las tribunas de prensa y tocándose el pecho, gritó varias veces tras marcar: «¡Me lo merezco, me lo merezco, me lo merezco!».

Antonio Cubero era el jefe de deportes de *El Independiente*, un periódico que nació en aquella época. La edición nacional se cerraba a las nueve de la noche, cuando el partido no había empezado; por tanto, había que hacer una portada de deportes «falsa» y el encuentro solo se incluía en la edición de Madrid. Al bueno de Antonio no se le ocurrió mejor idea que publicar una portada criticando a Míchel, ¡sin que se hubiese jugado el partido! Como él llevaba el dorsal 21, el titular de su sección era «Míchel, el 21», claramente con un tono irónico. Así, escribía que era un personaje que se creía que estaba en el Madrid, que le faltaba humildad y que debía darse cuenta de que en la selección no se vive del nombre. Era un leñazo brutal. Claro, después marcó esos tres goles y Antonio Cubero, corriendo, llamó a las rotativas rogando que parasen la edición, pero eso era imposible: en esto tampoco había la tecnología de ahora y parar la impresión costaba un dineral. Así que, el mismo día que Míchel había metido tres goles en una victoria de un Mundial, salió publicado en un periódico: «Míchel, el 21». Cosas del periodismo, todos nos podemos equivocar.

El segundo episodio de ese Mundial fue mala suerte. En octavos de final jugamos contra Yugoslavia y perdimos por un gol de Stojkovic de falta. Míchel estaba en la barrera y la pelota fue directamente a su cara: él, entonces, se puso un poco de lado para evitar el golpe y por ahí entró. La gente maliciosa le empezó a criticar, diciendo que se había acobardado, lo que no era verdad. Fue una pena porque en cuartos de final nos habríamos enfrentado a la Argentina de Maradona. En el 86, si no hubiera sido por la tanda de penaltis contra Bélgica, habríamos jugado la semifinal contra la Argentina de Maradona. Estaba visto y predestinado que nunca nos enfrentaríamos a la Argentina de Maradona.

Después, Míchel ya se dio cuenta de que su etapa con la selección se complicaba. Clemente se cargó a la Quinta del Buitre y terminó la andadura de Míchel con España.

Un maravilloso adiós

También llegaron momentos complicados para el Madrid. Después de ganar las cinco Ligas consecutivas, que fue un logro inaudito, Míchel dejó una frase que siempre utilizo. En la quinta, el Madrid empató en Valladolid a cero, lo que lo hizo campeón y, aunque parezca increíble, se celebró con tímidos abrazos en el centro del campo y nada más. Algo más inaudito aún: en las calles de Madrid, nadie salió a festejarlo. *Nadie* es nadie. La Liga se había convertido en una rutina y la afición estaba tan quemada por no ganar la Copa de Europa que no veía motivo para celebrar nada. Hasta el extremo de que Míchel, dolido, dijo: «No son conscientes de lo que cuesta ganar una Liga. Algún día el madridismo valorará el mérito que tiene ganarla y ojalá no sea pronto». Pues fue pronto, porque a partir de ahí llegaron las cuatro Ligas seguidas del Dream Team de Cruyff, aunque solo la primera, la del 91, fue, digamos, limpia y transparente,

Míchel se tuvo que tragar las dos Ligas de Tenerife, ambas en la última jornada. Hay una imagen icónica de Quique Estebaranz al final de la primera (1991), consolando a Míchel, que estaba entre lágrimas y desesperado. Míchel estaba muy unido a Radomir Antic y confiaba mucho en él; cuando Mendoza, en una decisión catastrófica, errónea y absurda, destituyó a Antic a pesar de que iban líderes, para colocar a Beenhakker (estaba de director deportivo), el equipo empezó a decaer. Se perdió esa Liga con el lamentable arbitraje de García de Loza, y la siguiente, con el otro de *Desgracia* Redondo.

En 1994 llegó Valdano, quien de primeras estaba a tope con Míchel, encantado con él; habían sido compañeros. Sin embargo, Valdano progresivamente fue apartando a Míchel, a Luis Enrique y a Laudrup. Ya en la temporada 95-96, Míchel, con 33 años, tomó la decisión más dura de su vida: no sentía el cariño del club y decidió no seguir, con Lorenzo Sanz de presidente. Ramón Mendoza había sido obligado a marcharse, porque había tenido un conflicto con la directiva, y eso también precipitó la salida de Míchel al año siguiente. Para Mendoza, Míchel era como un hijo. Además, el futbolista sabía que Lorenzo Sanz quería hacer una revolución en el equipo, como efectivamente llevó a cabo en 1996, trayendo a Capello, a Suker, Panucci, Seedorf, Roberto Carlos, Mijatovic y más. Míchel se adelantó y anunció que no iba a seguir.

Llegó el famoso día de su adiós, en un partido contra el Mérida. Míchel metió dos goles y el Madrid ganó 4-2. Cerca del final del partido lo cambiaron, pero sin haberle preparado ningún homenaje, algo que yo nunca le perdonaré al club. Sin embargo, todavía me emociono al recordar su adiós: al estilo de un papa al llegar a un país, Míchel, a medio camino hacia la línea de banda, se arrodilló y besó el césped en el que había dignificado la camiseta del Real Madrid en más de 560 partidos, sin contar todos los que jugó con el Castilla. Se fue entre lágrimas, lágrimas que compartimos muchos madridistas en las gradas. Doy fe de que todos estábamos llorando, llorábamos con Míchel, porque siempre será una gran leyenda del Real Madrid, aunque no le dieron una despedida acorde a su grandeza.

Esas lágrimas eran las de un tipo que sentía al Madrid de corazón. Ese niño que había sido del Atleti descubrió que su verdadero amor estaba en el otro lado de la ciudad, y esa parte de la ciudad jamás lo olvidará. Míchel, le pese a quien le pese, siempre será uno de los nuestros.

Datos de Zinedine Zidane

Posición en el campo: Centrocampista.
Partidos oficiales con el Real Madrid: 227.
Goles marcados: 49.
Internacional con Francia: 93 veces.

Palmarés

Como jugador

1 Champions League.
1 Copa Intercontinental.
1 Supercopa de Europa.
1 Liga.
2 Supercopas de España.
1 Mundial con la sel. francesa.
1 Eurocopa con la selección francesa.

Como entrenador

3 Champions Leagues.
2 Mundiales de Clubes.
2 Supercopas de Europa.
2 Ligas.
2 Supercopas de España.

ZIDANE
Un cisne con botas

¿Cómo no iba a tener en mi plantilla al mago con botas, al cisne con botas, al marsellés de oro? Sin duda, uno de los grandísimos futbolistas de la historia del Madrid que han mutado en leyenda, con todos los honores y merecimiento.

Ya los madridistas le habíamos echado el ojo, me acuerdo, en su etapa como jugador del Girondins de Burdeos, con un golazo que metió en el Benito Villamarín contra el Betis, en un partido de la Copa de la UEFA. Casi desde el centro del campo, con Jaro, el portero del Betis (que había estado en el Real Madrid), adelantado, lanzó un disparo de 45 metros que entró y dijimos: «Este tío ¿de dónde ha salido?».

Zidane siempre ha dicho con orgullo que se crió en La Castellane, un barrio muy conflictivo de Marsella, donde hay mucha inmigración argelina. Su carácter, yo creo, tiene mucho más de argelino que de francés, porque es un hombre de gran orgullo y más temperamental de lo que la gente cree. Sus padres eran de la Kabilia argelina.

Es un caballero con barrio en los pies. Florentino, que por entonces no era presidente pero siempre ha sido un hombre de buen gusto para jugadores que se salen de lo común, ya le había echado el lazo, imaginándolo en su Madrid del futuro. Cuando fichó a Figo (diciendo que pagaría a los socios su abono durante cinco años si no llegaba), el golpe fue brutal y dejó al Barcelona de Gaspart desarmado.

Figo vino. En esa época yo tenía trato casi diario con Florentino y, al día siguiente de presentar al portugués, hablé con él y me dijo: «¿Qué te parece si el año que viene llega Zidane?». Ya era una estrella consagrada de la Juventus, campeón del Mundial de Francia en el 98 con dos golazos al Brasil de Ronaldo Nazario, y con el Balón de Oro. Le respondí: «Hombre, sería el no va más, pero va a ser carísimo». Y él siguió: «Cada año vamos a fichar a uno. Este año, Figo; el próximo, Zidane; luego, Ronaldo Nazario, y en 2003, Beckham». Me quedé ojiplático, se me abrieron los ojos como a un niño cuando está delante de una pastelería. Le respondí: «Si haces eso, te subimos a hombros». Y acabó: «Ya lo verás». Jamás olvidaré ese momento. Y lo cumplió.

Con Zidane fue un verano largo y duro. En la famosa reunión de Montecarlo, durante una gala del fútbol, Florentino le pasó una servilleta con una pregunta en francés: «¿Te gustaría jugar en el Real Madrid?». Y Zidane respondió en inglés: «Yes». Esa respuesta bastó para saber que iba en serio. Zidane puso de su parte, se amotinó con la Juve y retrasó su regreso de las vacaciones veraniegas. Quería jugar en el Madrid y Agnelli lo comprendió. Al final, el pase se cerró en 12 500 millones de las antiguas pesetas, un fichaje histórico. La presentación fue en el pabellón de hielo de la antigua Ciudad Deportiva y, cuando mostró la camiseta con el número 5, fue impresionante. Y eso que era un número que se solía asociar más a un defensa, a un líbero. Zidane estaba feliz, radiante, junto a Di Stéfano y Florentino.

Un comienzo como Mbappé

Zidane comenzó en el Real Madrid y, como suele pasar, tuvo dificultades de adaptación, al igual que le sucedió a Mbappé en sus primeros meses de blanco. Del Bosque hizo todo lo posible para integrarlo, buscándole la posición ideal, pero los primeros tres meses fueron complicados. En una Supercopa ganada en Zaragoza, donde Raúl hizo los tres goles, a Zidane se le vio desubicado. Así se generó el famoso «tonto debate» en el que algunos insinuaban que su fichaje era innecesario porque, en el plano deportivo, el Madrid había ganado la Liga el año anterior con mucha brillantez, con Figo y Raúl de estrellas, así que no hacía falta nadie más. Sin embargo, Zidane tuvo paciencia, habló con Del Bosque y, finalmente, este le ubicó partiendo desde la izquierda, asociándose con Roberto Carlos, quien estaba encantado de tener a Zizou como aliado porque le tiraba muchas paredes. Poco a poco, se adaptó al equipo y a la ciudad, con su familia (su mujer es almeriense, aunque criada en Francia) contenta y con Florentino apoyándole todas las veces que hablaban, que era muy a menudo.

El primer curso de Zidane fue complicado, sobre todo con el «Centenariazo» en la Copa del Rey, esa final que el Madrid perdió 1-2 contra el Deportivo. Fue un golpe duro. «El luto en el Real Madrid dura 24 horas», dijo Valdano y, aunque en la Liga el equipo iba regular, avanzaba en Champions, donde sí se notaban las individualidades de Figo, Raúl, Hierro; con César, recordemos, en la portería.

En semifinales, contra el Barça, Zidane marcó el primer gol en el Camp Nou con una vaselina memorable a Bonano; se la picó, con una sutileza asombrosa. El 0-2 fue de McManaman y el empate a uno en la vuelta llevó al Madrid a la final de Glasgow, donde esperaba el Bayer Leverkusen.

El gol de todos los goles

Era la tercera final en cinco años. Tenía que ser su día, el que justificara su fichaje. La final comenzó con un gol pícaro de Raúl, pero empató el brasileño Lucio de cabeza. El partido estaba raro, con un rival peleón, hasta que, antes del descanso, Solari abrió a Roberto Carlos; el balón le botó y, en lugar de pincharla, decidió pegar un voleón que nos hizo gritar en el palco de prensa: «¡Qué hace!». La pelota llegó al cielo de Glasgow, bajó y solo a Zidane se le ocurrió acomodar su cuerpo, tan alto, con mucho tranco; así, calculó la altura de la pelota para ejecutar una volea imposible, milimétrica, espectacular e irrepetible. Fue un gol de ciencia ficción. Yo, en vez de gritar como hago con los goles del Real Madrid, me levanté, perplejo, y aplaudí, lentamente y con admiración, sin dejar de mirarle. Zidane, con rabia y orgullo por lo que acababa de lograr, corrió hacia la banda, justo hacia donde estábamos nosotros, los periodistas, con una felicidad indisimulada. En ese momento hizo historia, justificando además, con creces, su fichaje y silenciando a los que alguna vez dudaron de él, esa necedad. Fue brutal.

Para mí, la madre de todos los goles de las finales de Champions. No creo que jamás en una final de Copa de Europa haya habido un gol como ese. Ese título no se lo quita nadie a Zizou.

Continuó su trayectoria con el Madrid de forma desigual. El año siguiente llegó Ronaldo Nazario, y después, Beckham, pero los Galácticos empezaron a entrar en una especie de crisis, porque eran muy ingobernables. Para mí, la marcha de Del Bosque, después de ganar la Liga en 2003, fue un error; no se renovó ni a Hierro ni a Del Bosque, pese a que había ganado la Liga y llegado a las semifinales de la Copa de Europa, donde perdimos por un penalti que falló Figo ante Buffon. Queiroz asumió su lugar; con su corbata de seda maravillosa y sus ojos claros, se decía que a muchas señoras maduras las volvía locas, pero me temo que no causó el mismo efecto entre los jugadores, ya que su mensaje no cuajó en el equipo.

Al principio de la temporada, los primeros seis meses, el Madrid ganaba todo, pero era una situación engañosa. Solo eran 12 o 13 jugadores en la rotación, con Solari y Guti como mucho. Y después de ellos, todos los demás, canteranos. No había fondo de armario porque no importó que se fueran Makelele, McManaman o Geremi. Supongo que fue para cuadrar cuentas, pero eso tuvo un precio y, cuando llegó la hora de la verdad, el equipo estaba agotado. Se perdió la final de la Copa en Zaragoza, una derrota muy traumática no solo por no ganar, sino también porque apenas diez días antes habían ocurrido los atentados del 11M y esa nube negra cayó sobre Madrid y se hizo notar en el equipo.

Luego llegó la eliminación en cuartos de la Champions con Morientes en el Mónaco, donde estaba cedido. En la ida, con el 4-1 en el marcador, metió el segundo del equipo francés y le aplaudió el Bernabéu, como si no importase. Y vaya si importaba. Beckham incluso buscó la tarjeta para reservarse para las semifinales. Pero llegó el partido de vuelta y el Mónaco nos pasó por encima. No eran buenas las señales. Las temporadas siguieron, pero no ganamos nada. Desde la marcha de Del Bosque, tres años de sequía absoluta, con un único título, la Supercopa de España en 2003.

Un epílogo inesperado

En 2006, en febrero, la derrota en Mallorca (2-1) fue dolorosa y Florentino dimitió. Recuerdo que Ramos marcó el 0-1, pero apenas dos jugadores fueron a abrazarlo, como si no hubiera nada que celebrar. Se notaba que la situación era irreconducible.

Zidane, en una decisión drástica, sin esperar a acabar la temporada, decidió dejar el Real Madrid antes de finalizar su contrato. Le quedaba un año más, lo que significaba renunciar a 12 millones de euros. Pero estaba convencido y llamó al presidente para decirle que dejaba el club y el fútbol después del Mundial de Alemania. Florentino intentó convencerlo, pero Zidane, a sus 34 años, aún en buena forma pues se cuidaba mucho, se negó; tenía un cargo de conciencia, algo inaudito en un futbolista, y se sentía culpable. Su despedida fue en el Bernabéu, contra el Villarreal, en un encuentro que se empató a tres. Cuando se acercó el final de su último partido, fue sustituido por Raúl Bravo y el Bernabéu entero se puso en pie. Hubo lágrimas y tristeza en las gradas. Ese era Zidane, el que quería una despedida sobria, serena y sin hacer ruido. Al que amábamos. Y todavía no nos había dado lo mejor.

Llegó al Mundial de Alemania y alcanzó la final con Francia después de un grandísimo torneo, eliminando a España en octavos (3-1). En la final, cuando ya el Balón de Oro era suyo —el colofón a su carrera—, Materazzi jugó a ese otro fútbol que algunos elogian, insultando a su familia, y Zidane, en un momento de orgullo, por defender a los suyos, le dio un cabezazo en el pecho. Sabía que estaba tirando por la borda el Balón de Oro y manchando el epílogo de su maravillosa carrera, pero no le importó porque estaba defendiendo el orgullo de su familia. Yo le sigo entendiendo: hay cosas que están por encima del éxito y del dinero.

Fue una pena, pero el madridismo no dudó de que era una leyenda. Y en cuanto se pudo, entró como entrenador en el Castilla, aunque nadie pensaba que acabaría en el primer

y en el centro del campo eran todos suplentes: Isco, Kovacic, James Rodríguez y Lucas Vázquez (que entonces se situaba más adelantado); en la delantera, Asensio y Morata. Así ganó un partido en Gijón, contra el Sporting, en el último minuto. El único titular, Sergio Ramos. Es que Zidane tenía ese valor de cambiar a casi todo el equipo y dar descansos.

Y si le parecía poco a la gente, llegó 2018, un año muy complicado porque él sabía desde noviembre que Cristiano Ronaldo se iba a ir. Sin embargo, supo mantener su motivación para que dejara como legado una Champions más. Así, se plantó en la final de Kiev contra el Liverpool de Klopp. Un equipo que era una máquina, sobre todo físicamente.

Ese es el día de la explosión de Gareth Bale, que empezó como suplente. Ya lo había sido el año anterior, en Cardiff, pero la excusa era que venía de una lesión de dos meses. Pero en Kiev no había excusas: Isco fue titular, que la gente lo olvida, pero yo no. Zidane sacó a Bale en la última media hora y, por una vez, salió con rabia para meter ese tanto de chilena, el segundo mejor en la historia de las finales de la Champions.

Cuando los del Barcelona presumen de que el Real Madrid nunca tendrá un triplete, yo les digo: «Mentís». El mejor triplete de la historia del fútbol no lo tiene el Barça, lo tiene el Madrid, que ganó tres Champions seguidas. Lo consiguieron el Ajax y el Bayern en los años 70, pero, desde que existe el modelo Champions, nunca nadie ha ganado tres Champions consecutivas. Eso solo lo ha hecho Zidane.

Ese verano de 2018 se marchó Zidane, pero en marzo de 2019, tras un Madrid que había pasado por las manos de Lopetegui y de Solari, volvió para que recuperara el rumbo. No tuvo tiempo en esa temporada para llevarse el título, pero sí en la siguiente, cuando ganó con orgullo y firmeza la Liga de la pandemia. Y si no conquistó la siguiente fue por unas decisiones arbitrales más que discutibles que le dieron el campeonato al Atlético. En verano de 2021 se fue, de nuevo, ya definitivamente, pero se quedó para siempre en la historia del fútbol y del Real Madrid. Su legado como jugador y entrenador será eterno.

Datos de Carlos Henrique Casimiro, Casemiro

Posición en el campo: Centrocampista.
Partidos oficiales con el Real Madrid: 336.
Goles marcados: 31.
Internacional con Brasil: 75 veces hasta la fecha.

Palmarés

5 Champions Leagues.
3 Mundiales de Clubes.
3 Supercopas de Europa.
3 Ligas.
1 Copa de España.
3 Supercopas de España.
1 Copa América con la selección brasileña.

CASEMIRO
Dejarse la vida por el Real Madrid

Puede que Casemiro haya sido el mejor mediocentro defensivo de la historia del Real Madrid. Empezó muy joven probando la medicina de cantera, igual que la probaron después Vinicius, Rodrygo o Valverde. Sabemos que el Real Madrid no tiene la cultura del Barça esa de la Masía, tan, digamos, fanática; pero es que el club blanco ha encontrado una fórmula casi perfecta que consiste en captar jóvenes de mucho talento y mucha calidad y pasarlos un poquito por la Fábrica, por el Castilla, para que vayan conociendo lo que es este club. Es como pasar la ITV. Pues eso sucedió con Casemiro, aunque ya venía cualificado.

El mérito de su fichaje hay que atribuírselo a Ramón Martínez, antiguo responsable de la Fábrica del Real Madrid y, en su tiempo, también director de fútbol. Le hablaron de un chaval del São Paulo muy fuerte, que ya llevaba sus partidos allí y que había empezado más como jugador de ataque pero que ya se situaba de pivote con bastante solvencia.

Que era bueno lo demuestra que vino aquí con 111 partidos en el São Paulo, casi tres temporadas. Tenía un físico poderoso, pero aterrizó en plena convulsión de la etapa final de Mourinho, en enero de 2013, cuando ya se sabía que al mourinhismo le quedaban cinco meses y este agonizaba porque los conflictos internos eran insostenibles. Pero Mou tenía cosas buenas y, aunque Casemiro estaba en el Castilla, el portugués le hizo debutar un día contra el Betis en el Bernabéu. En ese encuentro tiene una oportunidad, un disparo que se le fue desviado, pero yo ya vi que no le asustaba la camiseta. Esas cosas se palpan enseguida, porque el Bernabéu asusta, pero a él no le temblaban las piernas ni renegaba del balón.

Diecisiete minutos en Dortmund que lo cambiaron todo

Por eso se quedó la siguiente temporada en la primera plantilla, ya con Carlo Ancelotti en el banquillo. Es verdad que no jugó mucho, solo 25 partidos, y enteros los dos primeros de Copa, en la eliminatoria más sencilla, pero disputó 17 minutos trascendentales en Dortmund. Minutos que lo cambiaron todo y que nos ayudaron a ganar la Champions, sin ninguna duda.

Fue en la vuelta de los cuartos de final, en el campo del Borussia. El Madrid había ganado 3-0 en la ida, pero esa noche en Alemania ya perdía 2-0 en el minuto 34 frente a un rival que era un vendaval. Illarramendi fue titular y, con todo cariño para él, le temblaron las piernas. Los alemanes nos pasaban como aviones por el centro del campo y, gracias a que Iker estuvo muy inspirado ese día, no nos llevamos más goles. Cuando el partido llegó a su último tramo, Ancelotti lo vio tan mal que decidió sacar a Casemiro.

Y cambió todo. Fue un muro de contención, que detuvo la sangría. Recuerdo un par de buenas entradas, como diciendo: «Esto se ha acabado». Un asa de la Décima es suya. El Madrid pasó a la semifinal, contra el Bayern de Guardiola, donde Xabi Alonso vio una amarilla que le impedía estar en la final contra el Atlético.

Ancelotti dudó entonces entre Khedira o Illarramendi para sustituirlo, pero todas las dudas se le terminaron cuando el vasco, en una conversación, le vino a decir que no estaba listo, para ese partido de tanta responsabilidad. Me contaron que abrió la puerta a ser suplente porque no lo veía nada claro; sabía que, si le pasaba como aquel día contra el Borussia y el Madrid perdía, no iba a poder volver al Bernabéu. Jugó Khedira, que después fue sustituido. Ancelotti no contó con Casemiro, pero ya había hecho lo que tenía que hacer antes y estaba convencido de que iba a llegar su momento.

La Décima trajo tranquilidad y Ancelotti se replanteó el futuro sin estrés. Tenía a Kroos y a Modric, así que se decidió ceder a Casemiro al Oporto, porque lo pidió Lopetegui, que sabía de esto. Casemiro se convirtió en un jugador intocable en el Oporto. Recuerdo la ida de cuartos de final de la Champions en Do Dragao en la que el Oporto ganó 3-1 al Bayern Múnich, con una actuación colosal de Casemiro; aunque el Bayern remontó en la vuelta, en el Bernabéu saltaron todas las alarmas y mis amigos del club ya me reconocían que estaban empezando a plantearse que Casemiro volviera.

Efectivamente, terminó esa temporada y el Madrid, que lo había cedido por dos años, tuvo que pagar siete millones y medio de euros al Oporto al adelantar su vuelta, pero ya lo tenía claro.

Sin embargo, su valedor, Carlo Ancelotti no continuó: fue una decisión del club que yo nunca compartí, porque, aunque no ganó nada, estuvo cerca de todo. Perdió la Liga por dos puntos, cuando Negreira seguía ahí: tengo registrados hasta ocho partidos donde beneficiaron al Barça y seis donde perjudicaron al Madrid. En la Champions, se cayó en la semifinal contra la Juve de Morata. En el descanso del partido de vuelta, el Real Madrid estaba clasificado para la final de Berlín, que habría jugado contra el Barça. Un tanto de Morata nos dejó fuera... El fuego amigo fue doloroso.

El mejor centro del campo de la historia

El momento de Benítez fue muy corto y a Zidane, al principio, no le convenció Casemiro. Prefería a alguien más técnico, alguien del perfil de James o Isco. Pero Casemiro estaba en la plantilla, ahí, esperando.

Pasó todo el mes de enero y casi todo febrero sin oportunidades hasta que, a finales de febrero, el Real Madrid perdió un derbi en el Bernabéu (0-1) y Zidane comprendió que necesitaba consistencia y poner un ancla en el centro del campo. El siguiente encuentro, contra el Levante, Casemiro fue titular y el Madrid comenzó a alzar el vuelo. Tanto fue así que, contra todas las expectativas, llegó a estar muy cerca del Barça en la Liga, porque Zidane ganó prácticamente todos los partidos y ganó la final de la Champions contra el Atlético de Madrid en San Siro. Casemiro entró en el imaginario del madridismo como un jugador importante y, en la siguiente temporada, se consolidó totalmente con Zidane, y quizás ese fue su mejor año.

Ese cursó culminó con la final de la Champions, esta vez en Cardiff, donde no solo hizo un partidazo sino que también metió el 2-1, un golazo desde fuera del área, el gol que rompió la final contra la Juve para el Real Madrid. Mandzu-

kic había empatado después del gol de Cristiano Ronaldo y, en la segunda parte, cuando el juego estaba parejo, Casemiro soltó un zurdazo desde fuera del área que, aunque desviado por un rival, iba directo. Buffon no llegó. Ese tanto consagró a Casemiro como capitán general.

Ya se había ganado el respeto de los veteranos y ya había mostrado su carácter. Con Kroos y Modric formó lo que, sin duda, es el mejor centro del campo de la historia del Real Madrid y, me atrevo a decir, del fútbol mundial.

Como físicamente era un portento, hacía ayudas en las coberturas de los laterales cuando subían y también cubría a los centrales en jugadas de balón parado. Además, era un jugador que imponía el respeto al rival. De Casemiro decían que pegaba patadas, pero él sabía jugar al límite: sus entradas estaban en ámbar, nunca en rojo, aunque siempre le buscaban la roja, sobre todo los críticos. Pero es que era un experto en dar esas patadas preventivas, como diciendo «cuidado conmigo».

Recuerdo un partido contra el Liverpool. Milner, futbolista inglés, dio una patada a Benzema, excesiva y fuera de lugar; Casemiro no lo olvidó y, cuando pudo, cerca de la línea de banda, con el balón en juego, entró y lo levantó por los aires. Había tocado balón, no hubo ni protestas. Desde ese momento, al inglés le cambió la cara y no volvió a tocar bola en todo el partido. Solo un futbolista con la personalidad de Casemiro podía hacer eso en Anfield. Él sabía hacerse respetar y sabía, además, que tenía que defender a los suyos porque era un futbolista comprometido, por encima de todo, con su club. Por eso, el Madrid volvió a ganar la Champions, en Kiev contra el Liverpool, con él como titular. Su cuarta Champions, porque esos minutos en Dortmund de la Décima también la hacen suya.

Aún le quedaba una, la de las remontadas. Es verdad que se dieron en esos minutos finales de locura, en especial contra el PSG y el City, cuando parecía todo perdido y cuando el centro del campo intocable dejaba de serlo. Casemiro vio esas remontadas desde el banquillo, pero lo entendía; de ahí esas imágenes suyas, de pie, emocionado con la locura de las remontadas, en las que mostraba su compromiso y su falta de ego. No estaba en el campo, pero animaba como uno más. En la final de París, contra el Liverpool, conquistó su quinta Champions. Y como titular.

Un adiós valiente

Y luego vino la Supercopa de Europa contra nuestro querido Eintracht. Ese equipo que con 50 000 camisetas blancas había llenado y vencido en el Camp Nou, algo que no olvidaremos jamás. El equipo alemán ganó la Europa League y el Real Madrid disputó la Supercopa contra él. Creo que fue uno de los mejores encuentros de Casemiro: hizo un partido brutal, como si ya estuviera firmando sus últimos capítulos con el Madrid, homenajeándose a sí mismo; fue el MVP de esa final, reconocido por la UEFA.

Entonces llegó la oferta del Manchester United. Daban 80 millones al Madrid y a él le doblaban el sueldo. Habló con su familia y confirmó que en el Real Madrid ya había tocado techo. Fue una decisión valiente porque, con 31 años, no todos los futbolistas se atreven a volar; prefieren quedarse e ir renovando año a año. Y eso que Casemiro tenía contrato con los blancos hasta 2025.

Con Casemiro no se puede dudar de su madridismo. Si fuera por eso, se habría retirado en el Madrid. Pero él entendía que Valverde ya estaba consolidado, había llegado Camavinga y, además, el club acababa de fichar Tchouameni por 80 millones. El relevo estaba planificado: Camavinga, Valverde, Kroos, Modric, Ceballos... Aunque Casemiro siguiera siendo Casemiro, tarde o temprano le había llegado el turno de salir.

Y se dio la oportunidad con el Manchester United. Casemiro era el capitán general aquí, y además dejó en caja 80 millones de euros. Había costado seis millones, viniendo de São Paulo; uno de los fichajes más rentables de la historia junto con Marcelo y Valverde.

Se despidió con una conferencia de prensa preciosa, con todos los trofeos y llorando, y dejó un agujero que nadie ha cubierto. Porque los que llegaron, pese a tener más físico, no han tenido el despliegue en el campo que sí tenía Casemiro. Es que era único. Nuestro Case. Lo queremos tanto que, desde que se unió económicamente al Marbella, solo deseamos que le vaya bien a ese equipo.

Siempre mi *stopper*, siempre mi *pitbull* para cualquier problema. Un jugador que se dejó la vida por el Madrid.

Datos de Toni Kroos

Posición en el campo: Centrocampista.
Partidos oficiales con el Real Madrid: 465.
Goles marcados: 28.
Internacional con Alemania: 114 veces.

Palmarés

6 Champions Leagues (una con el Bayern Múnich).
5 Mundiales de Clubes.
4 Supercopas de Europa.
4 Ligas.
1 Copa de España.
4 Supercopas de España.
1 Mundial con Alemania.

TONI KROOS
Catedrático de estirpe alemana

Toni Kroos es un alemán especial, diferente, quizá porque nació en la antigua República Democrática Alemana. Ha sido un futbolista que ha representado la elegancia y que ha dejado un hueco tan grande, tan grande, que el equipo sigue pagando los daños colaterales de su marcha. Un jugador, además, al que, como he hecho con Courtois, debo pedirle perdón públicamente en este libro.

En 2018, justo después de la marcha de Cristiano Ronaldo, fue en el único momento en el que Kroos tuvo un bajón de rendimiento, al igual que el resto de la plantilla. El equipo empezó mal con Lopetegui y luego Solari hizo lo que pudo, sin poder evitar la debacle, porque ese Madrid estaba en plena transformación. Recuerdo que un día, en *El Chiringuito,* Pedrerol hizo una encuesta sobre si Kroos debía seguir o no, y yo pequé al opinar que se tenía que marchar, seguramente cegado por lo reciente de la goleada humillante del Ajax en el Bernabéu, cuando ganó por 1-4. Le eché la culpa a Kroos por el primer gol, diciendo que había fallado en la cobertura. Fui muy burro, lo admito aquí, en este libro, para que quede para siempre: pensé que no pasaba nada por venderlo. Eso demuestra que el que sabe de fútbol es Kroos. Y no yo.

Le pido disculpas por mi falta de visión a medio plazo y por no entender que un año malo lo puede tener cualquiera pero el talento jamás caduca ni se olvida. El talento es como el desodorante: si te abandona, es porque te falta, no porque caduca. El talento se tiene hasta que uno muere y Kroos lo tiene; de hecho, lo demostró desde sus inicios, ya que debutó con el Bayern Múnich a los 16 años. Sin embargo, al principio, el Bayern no lo veía claro, así que lo cedió un año al Bayer Leverkusen, donde triunfó. Recordemos que allí estuvo también Carvajal tres años después. El destino quiso que tanto Kroos como Carvajal, los dos con seis Champions, pasaran por el Bayer Leverkusen. Quizá no sea casualidad.

El Real Madrid, el más listo con su fichaje

Kroos se salió ya en el Bayern y, en 2014, justo después de ganar la Décima, llegó al Madrid. Era un jugador espectacular, algo que también confirmó en el Mundial de Brasil, donde ganó la final contra Argentina con el gol de Götze. Kroos fue el sostén del centro del campo germano.

El Madrid estuvo listo y supo contactar a tiempo con Kroos. En ese momento, le quedaba solo un año de contrato con el Bayern de Guardiola y, aunque al entrenador español le gustaba, no siempre le daba los galones que merecía o lo dejaba en el banquillo. Al Madrid le pareció una gran oportunidad y a Kroos también. Aquí le recibió un equipo que ya contaba con Modric, pero, con la marcha de Xabi Alonso al Bayern, el Madrid reformaba en parte su sala de máquinas, el lugar en el que Kroos sería clave.

El Real Madrid, no lo olvidemos, fichó a uno de los mejores centrocampistas de la historia del fútbol por 25 millones de euros en un mercado inflado de precios; o sea, una bicoca, como se suele decir. Es verdad que en ese primer año no ganamos ningún título de los gordos (Liga y Champions), pero ya dejó detalles de su calidad y convenció con su rendimiento.

Heredero de una saga de alemanes

Los alemanes siempre han tenido un aura especial para los madridistas. Yo me crie con el primer Madrid de los alemanes, en los años 70. En mi primer Madrid estaba Günter Netzer, que vino con 31 años, rubio, un alemán de manual, que hacía unos cambios de juego espectaculares. Al año siguiente descubrí a Paul Breitner, que, aunque era lateral izquierdo en la selección alemana cuando ganaron el Mundial de 1974, en el Madrid acabó jugando más de centrocampista. Y después llegó Uli Stielike, que se convirtió en mi ídolo.

Le adoraba, le amaba. Y seguro que se hubiera merecido un capítulo en este libro, pero no me caben tantos. Stielike fue un pánzer, era el corazón del Madrid, era un Pirri de nueva generación que se dejaba el alma en cada partido y representaba todos los valores del Real Madrid: esfuerzo, sacrificio, compromiso con el grupo y pelear cada encuentro hasta el último segundo. Por eso, a Mendoza no le perdoné cómo le mostró, de malas maneras, la puerta de salida cuando llegó a la presidencia en 1985. En una final de la Copa de la Liga, en el Bernabéu, contra el Atlético de Madrid, todos sabíamos que era el último partido de Stielike; ganamos por 2-0 y, como Mendoza no había previsto nada, Juanito, que mira que luego acabó a golpes con él, tan emocional como era, al final del partido le subió a hombros y todo el estadio, entre ellos yo (llorando, me acuerdo, llorando de emoción y de rabia), gritamos: «¡Uli, Uli, Uli, Uli!». Es que era la leche.

Llegaron más alemanes. Como Bernd Schuster, capricho de Mendoza, porque estaba Milan Jankovic (un serbio que habíamos descubierto el año anterior, una máquina buenísima). Pero Jankovic no era mediático, no tenía ese glamur, y encima no venía del Barcelona, como Schuster. Este tuvo un par de años buenos, sobre todo el último, con el récord de goles de Toshack, pero era muy conflictivo; una vez, en una gira por Estados Unidos, apareció en el avión con su mujer, Gaby. Entonces, claro, le preguntaron: «¿Dónde vas?». Iba decidido a que ella también embarcase, como si las parejas de futbolistas, ¡o de cualquier trabajador!, pudieran ir en los viajes de trabajo. Se armó una buena y, al final, se quedó en tierra.

Luego llegó Bodo Illgner, porterazo, que nos ayudó a ganar la Séptima. Bodo era peculiar también. Tenía una mujer muy atractiva y de fuerte carácter; era ella quien negociaba los contratos y yo creo que Onieva y Sanz se quedaban sorprendidos porque en esa época había pocas mujeres en el fútbol. Luego resultó ser durísima negociando y les sacó un buen contrato.

El siguiente fue un alemán más gris: Christoph Metzelder, central, bueno, digamos que ni fu ni fa; cumplió alguna vez. Estuvo en el Alcorconazo, así que mejor no recordarlo.

Me faltan dos más, porque Kroos fue el noveno. Antes estuvieron Özil y Khedira. Vinieron juntos en 2010, con Mourinho. Özil, sobre todo, era un *crack*, un jugadorazo, con una calidad técnica descomunal, pero, digamos, ligero en su vida privada, poco preocupado por la disciplina, y al que mantener el 100 % de su forma física no le quitaba el sueño. Al final, la noche madrileña le sedujo y, poco a poco, se fue diluyendo, pero recuerdo grandes partidos de Özil y me gustaba mucho; incluso Ramos se hizo famoso por levantar su camiseta para reivindicarlo cuando Mourinho empezó a castigarlo porque no daba el nivel. Y Khedira, pues era de esos futbolistas sin encanto ni glamur, pero hay que reconocer que era un jugador de equipo bastante eficaz; nos ayudó a ganar la Copa de Valencia en 2011, con un trabajo en el centro del campo invisible pero interesante. En algunos partidos, su equilibrio en la medular fue clave, aunque, insisto, de él no se podían esperar un caño, un sombrero o un golazo por la escuadra, pero tenía que estar.

La factoría alemana siempre ha funcionado en el Madrid. Kroos, que fue el noveno, ha estado por encima de todos. ¿Y cómo no va a funcionar Rudiger? El protagonismo que tuvo en la Decimoquinta fue descomunal, con aquel penalti del Etihad, y el orgullo con el que defiende la camiseta.

Kroos ha sido el mejor de todos y supo sobreponerse a ese bache de 2018. Luego, cuando llegó la pandemia, fue uno de los que dieron un paso al frente junto a Zidane. El entrenador francés empezó a verlo como su brazo derecho por su constancia. Isco y James tuvieron momentos muy brillantes, pero se acabaron diluyendo, y Kroos, en cambio, estaba ahí como un reloj, un diésel que nunca fallaba.

Llegó la Decimocuarta, que fue enorme, y poco después, la Decimoquinta, con Kroos siempre pendiente de renovar año a año, al tener más de 30. El último curso, antes de los momentos decisivos, el Madrid empezó a ver cosas raras y comenzó a sospechar, pero Kroos estaba tranquilo, muy muy tranquilo. Tanto que creo que todo el mundo del fútbol, no solo los madridistas, coincidimos: fue el mejor año de su carrera, algo inaudito en el fútbol porque, cuando ya tienes 34 años, puedes rendir por encima de lo esperado, pero siempre habrás tenido, siendo más joven, un año más esplendoroso, aunque solo sea por una cuestión física.

Pues no, el mejor Kroos que hayamos visto fue el de la temporada 23-24, que, para desgracia de todos, fue la última. Ojo, no solo en el Real Madrid, sino en el fútbol. Es muy respetable lo que hacen los demás, pero Kroos no quiso tener un año más de contrato en la MLS, como hizo Messi, en un fútbol menos exigente; ni siquiera voy a nombrar Arabia, porque él ya se definió públicamente (lo que demuestra su personalidad) diciendo que no entendía que un chaval joven se fuera a Arabia a retirarse en vida por dinero. Kroos podía haber tenido un retiro dorado en Estados Unidos, incluso un *revival* en Alemania de despedida con un contratazo, pero él solo quería competir al más alto nivel. Solo aceptaba estar en un equipo en el que pudiera ser su compás y el Madrid le dio esa oportunidad en la temporada de la Decimoquinta.

Fue impresionante su incidencia en el campo y eso que la temporada empezó con él en el banquillo. En el partido en Bilbao, el primero, el centro del campo era el formado por Tchouaméni, Valverde y Camavinga, junto con Bellingham, porque esa era un poco la idea del club, que empezaba a ver a Kroos y a Modric como dos prejubilados. Pero Ancelotti dijo: «Olvídense, con estos jugamos mejor». A Kroos le dio la titularidad indiscutible y a Modric lo fue metiendo siempre que podía. Así, Kroos dibujó una temporada maravillosa. Pero, como temíamos todos, hubo un momento en que se cumplieron las sospechas.

El 21 de mayo de 2024 publicó una carta dando las gracias al Madrid por todo lo que le había dado y explicando su adiós al fútbol. Insisto, no al Madrid, al fútbol. Un *shock*, se mire por donde se mire. Su último partido, contra el Betis, con la Liga ya ganada, fue su despedida. Yo creo que este chaval es tan perfecto en todo lo que ha hecho en su vida que su despedida solo podía estar a su altura. Fue inobjetable.

No hacía falta un partido homenaje, como se hacía antes en mis tiempos, que era un partido amistoso y más artificial. Aquí fue todo más emotivo porque era un encuentro de verdad y saber que eran los últimos toques que Kroos daba en el Bernabéu como jugador del Real Madrid era emocionante, triste y nostálgico. Fue preciosa la despedida, con sus hijos llorando, su mujer a lágrima viva; todo el Bernabéu en pie, emocionado con él; los compañeros entregados, manteándolo. La despedida soñada, creo yo, para cualquier futbolista.

Pero aún le quedaba el epílogo de su maravillosa obra.

Una semana más tarde fue la final de la Champions. Tras esa remontada heroica contra el Bayern Múnich —su Bayern Múnich—, con los goles de Joselu, Kroos fue titular en Wembley, frente al Borussia Dortmund. Otra vez ante los alemanes; se marcó otra vez un partidazo. En la segunda parte el Madrid ganó con solvencia, con goles de Carvajal y Vinicius, y a Kroos le sustituyeron cerca del final. Todo Wembley, la parte madridista obviamente, aunque también los del Borussia Dortmund, que le aplaudían, rindió honor al 8, al eterno 8, el número que también llevó Míchel, que nadie lo olvide.

Kroos fue un jugador que, si existieran las cátedras en el mundo del fútbol, sería un catedrático del balón: la elegancia personificada, hasta en la manera de irse. Fue una manera de decir, a lo grande: «Ahí queda eso». Como cuenta el chiste: si quiere otro, que venga y lo iguale, porque mejorarlo no lo va a mejorar.

Acabo, Toni, y te vuelvo a pedir perdón y te doy las gracias por haber ayudado al Real Madrid a ser el mejor equipo de la historia del fútbol. Jamás olvidaré tus gloriosos doce años en el Bernabéu.

Datos de Luka Modric

Posición en el campo: Centrocampista.
Partidos oficiales con el Real Madrid: 571 hasta la fecha.
Goles marcados: 42 hasta la fecha.
Internacional con Croacia: 184 veces hasta la fecha.

Palmarés

6 Champions Leagues.
5 Mundiales de Clubes.
5 Supercopas de Europa.

4 Ligas.
2 Copas de España.
5 Supercopas de España.

MODRIC
Un fichaje «para tapar vergüenzas», decían

Pequeño, pero gigante con el balón en los pies. Luka me ha ganado para siempre, como a tantos madridistas, no solo el corazón, sino el gusto futbolístico. De él se puede decir sin equivocarse que, aunque nació en Zadar, realmente había nacido para jugar en el Real Madrid.

Modric vivió más que una historia de superación brutal, porque no olvidemos que, con solo seis añitos, en su Zadar natal, le sorprendió la terrible guerra de los Balcanes. Sufrió la pérdida atroz de su abuelo; tuvo que huir con su familia, yendo de hotel en hotel, medio escondidos para evitar lo que, lamentablemente, les pasó a muchos niños y familias en esa guerra: acabar aniquilados. Pero, curiosamente, él supo llevar toda esa carga, ese trauma, con un balón en los pies.

Ya desde pequeño, una vez que terminó la guerra, mostraba algo diferente, especial. Después de varias experiencias, debutó en primera con 16 años en el Dinamo Zagreb, el equipo de su corazón (hasta que llegó al Madrid, claro), donde empezó a mostrar que iba a ser muy bueno. Por eso lo fichó el Tottenham por unos 20 millones de euros, que en aquel momento eran un pastizal.

Tras cuatro años en el Tottenham, quedó claro que iba a ser una máquina. El Chelsea pasó varios veranos yendo a por él a tope; incluso el verano anterior a su llegada al Madrid, el último día de mercado, el Chelsea ofreció 40 millones de euros. Pero Levy, el presidente del club inglés, un duro negociador, se negó y lo retuvo. Eso le permitió a Luka fortalecer su estrategia para llegar al Madrid al año siguiente.

El Madrid apretó fuerte por él; Mourinho lo quería y, para mí, fue su gran acierto. Al entrenador portugués le hemos criticado por errores, pero su gran legado para el club es el fichaje de Luka Modric, porque insistió en que lo ficharan sí o sí. Así, cuando Luka vio que el Madrid iba en serio, habló con Levy y le dijo: «Presi, ya me retuviste cuando me quería el Chelsea, y ahora viene el Madrid. Creo que me merezco que me dejes salir». El año anterior, además del Chelsea, el Madrid también había mostrado interés y Levy le había asegurado que, si el Madrid seguía interesado, facilitaría su salida. Los equipos ingleses no quieren reforzar a rivales de su campeonato, pero no son tan rotundos con los de fuera.

La amenaza de dejar el fútbol

Terminó la temporada, el Real Madrid volvió a la carga y Levy vio una posibilidad de ganar más dinero y se puso duro en la negociación. Dijo que no se hacía el traspaso. Modric, entonces, se puso muy serio con el entrenador del equipo, Villas-Boas: «Míster, tengo la palabra del presidente, ¿no la respeta? Yo soy muy profesional, pero no soporto la mentira. No empiezo la temporada con ustedes. Entrenaré en solitario y que el club decida». La decisión firme de Modric de ir al Madrid era tan tajante que habló con su esposa y madre de sus tres hijos y le dijo que, si no resolvían la situación y no le dejaban ir al Madrid, anunciaría su retirada del fútbol. Algo inaudito en un jugador de élite. Brutal, chapó, no puedo escribir otra cosa.

Levy vio que había perdido el pulso. Ese croata, testarudo y pequeñín, se había propuesto ir al Madrid y se lo había tomado muy en serio. A cuatro días de que cerrara el mercado, Levy llamó a Florentino y pactaron un precio de 42 millones de euros, que para el Tottenham era una pasta estupenda.

Lo mejor fue ver la portada del *Sport* ese día: «42 millones para tapar vergüenzas». Yo me pregunto, aún perplejo: «¿Para tapar vergüenzas?». No sé si al *Sport* se le olvidó que, tres meses antes, el Madrid había ganado la Liga de los récords con Mourinho y que Guardiola se marchó del Barça ese verano porque el pulso permanente con el Madrid y Mourinho le había desgastado mentalmente. Y eso que era un semidiós, con ADN Barça y todo eso. En fin, que tres meses después llega Modric y el *Sport* pone «42 millones para tapar vergüenzas».

Bueno, tantas vergüenzas que la primera competición de la temporada fue la Supercopa de España y la ganó el Madrid al Barça. Yo creo que ha sido la vergüenza más grande que ha vivido el Real Madrid en su vida: campeón de Liga y campeón de la Supercopa de España. Es surrealista.

Es verdad que Modric necesitó un tiempo de adaptación. Venía del fútbol inglés, con otro ritmo, y al principio le costó entrar en el equipo, pero Mourinho poco a poco le fue integrando. Esos primeros años jugaba con el 19 y la verdad es que daba gusto verlo: cómo peleaba, cómo combatía, y lo bien que jugaba, cómo distribuía. En esa Champions dejó una pincelada, con un partidazo en Old Trafford, donde metió un golazo cuando el Madrid estaba prácticamente eliminado. Eso le hizo coger prestigio y en la temporada 2013-14, ya con Ancelotti, se ganó su confianza y jugó con Xabi Alonso en el centro del campo, formando un trío bastante fiable con Di María y Xabi, con la BBC delante. Ancelotti se vio obligado a poner a Di María en el centro del campo, porque la BBC era innegociable, así que adaptó a Di María a la derecha del medio, como hace Valverde ahora.

adidas
Fly
adidas

Un coleccionista de Champions

Y llegó ese córner en el minuto 92 y 48 segundos..., ese córner mágico que cambió nuestras vidas, irrepetible por lo bien tirado que estuvo, por la complicidad con su amigo Sergio Ramos. Fue un gol de amigos, un gol que cambió la historia. Siempre recordaremos la Décima, no solo por el cabezazo de Ramos, que es la gran imagen icónica, sino también por el córner que tiró Luka Modric, porque lo tiró de forma fantástica; no la rifó al área y le dio la rosca justa para evitar un despeje de cualquier defensa del Atlético.

Desde entonces, Modric entró al santoral de los madridistas y se ganó el cariño de la gente, además de por ese carácter que tiene, esa humildad, esa tranquilidad. Llegó la etapa de Zidane, las Champions de 2016, 2017 y 2018 —el famoso triplete mágico de Champions—, con Modric intocable. Estuvo en todas, siempre al pie del cañón porque es un profesional muy serio, que se cuida muchísimo; siempre ha tenido un nutricionista especial porque siempre ha querido prolongar su carrera lo máximo posible, con éxito como se ha visto. Por eso ha tenido cuidado con su físico y apenas ha tenido lesiones musculares.

Recuerdo que, en la prórroga contra el Atlético en San Siro, le tuvieron que poner una muslera porque tenía molestias musculares y calambres, pero aguantó perfectamente. En la final de 2017, en Cardiff, se permitió el lujo de hacer una jugada en el 3-1 definitivo apurando la línea de fondo y pasándosela atrás a Cristiano Ronaldo para que rematara, un pase de la muerte que ya habían hablado: «Entra hasta la línea de fondo, que no lo esperan, me la das atrás y yo llego a tiempo», le dijo el portugués. Y lo hizo. En Kiev, volvió a ser uno de los destacados en la sala de máquinas, haciendo un desgaste terrible para aguantar el centro del campo del Liverpool. Aquel que, según algunos, venía a «tapar vergüenzas» ya tenía cuatro Champions en 2018.

Sobrevivió a la pandemia y a ese fútbol a puerta cerrada que le ponía muy nervioso, ya que él siempre fue de aficiones fuertes, como en el fútbol balcánico. Luego volvió Ancelotti, quien siempre tuvo muy buen *feeling* con él, y entró en la dinámica de aquel equipo que empezó a hacer remontadas impresionantes en la Decimocuarta. El día del PSG hubo una jugada icónica en una contra que acabó en uno de los goles de Benzema: Modric robó el balón en campo propio y, tras una carrera increíble de 40 metros, dejando atrás a cinco jugadores del PSG, incluido Neymar, abrió el juego, se la pasó a Vinicius; este se la devolvió a Modric, que encontró a Benzema... y gol. Fue una carrera diabólica de Modric que rompió a todo el centro del campo del PSG.

Ese exterior del pie

Además de su calidad, Luka Modric ha tenido momentos clave en los que ha mostrado su personalidad. Uno de esos fue con Rafa Benítez, quien, después de dos meses turbulentos en el Madrid, le sugirió que dejara de usar tanto el exterior del pie, argumentando que eso le quitaba opciones. Luka, que siempre fue educado, se mantuvo respetuoso, pero le contestó: «Tengo 30 años, no sé si soy bueno o malo, pero he llegado hasta aquí jugando así, me gusta golpear el balón de esta manera». Y le dejó claro que no pensaba cambiar. Esa decisión fue clave, como demostró en los cuartos de final ante el Chelsea (en la Champions del 2022), cuando, perdiendo 0-3 y a falta de 10 minutos, le dio un pase espectacular a Rodrygo con ese toque de exterior que Benítez criticaba. Esa asistencia fue el gol de la esperanza, que culminó en la prórroga con el penalti de Benzema y la clasificación a semifinales. Todo gracias a ese golpeo de exterior, aunque a Benítez le pareciera algo involutivo.

En el camino de la Decimoquinta, Luka empezó a perder rol en la jerarquía del once titular. Ancelotti, al principio, no ponía a ninguno de los dos veteranos, pero al final apostó por Kroos, lo que le costó a Luka la suplencia, con Valverde y Bellingham en el equipo. A pesar de sus 38 años, mostraba su enfado, porque Modric era un ganador nato y no aceptaba ser suplente sin más. Incluso alguna vez habló con Ancelotti diciéndole que todavía podía aportar muchas cosas al equipo. Me consta que a Carlo le dolía en el alma dejarlo en el banquillo.

Modric seguía pareciendo lo que era: un jugador impresionante. Sin embargo, también entendía la política del club: habían fichado a jóvenes como Tchouameni, Camavinga y Valverde, y debía tener paciencia. Pero siguió siendo decisivo, por ejemplo, en el Clásico de esa temporada, en Montjuic: empezó en el banquillo y el Madrid estaba a merced del Barça de Xavi, perdiendo 1-0 y no jugando nada; entonces, Luka salió junto con Camavinga, quien jugó de lateral izquierdo para dar profundidad; Luka se ubicó en el centro del campo por Tchouameni y el Clásico cambió totalmente en esa media hora. El Madrid pasó de dominado a dominador, con la clarísima influencia de Modric. Llegó el golazo de Bellingham desde fuera del área y, en el descuento, un remate fallido de Luka terminó convirtiéndose en una asistencia cuando el balón botó sobre el suelo y fue directo a Bellingham, que la empujó. Hasta en eso Modric era mágico: en un remate de gol, una pifia se convirtió en acierto.

También tuvo su momento Luka, en el último tramo contra el City, en la Champios del 2024 (en el Etihad). Ancelotti lo sacó en los últimos 20 minutos, lo cual permitió que el Madrid tuviera más posesión y se acabara el asedio. Ganaron por penaltis, aunque Luka falló el suyo. Se culpaba mucho, ya que tenía la responsabilidad de los penaltis, también en la selección croata, pero nunca ha tenido un porcentaje de acierto altísimo. Sin embargo, como el resto de sus compañeros los anotaron, el fallo quedó en anécdota. Finalmente, el Madrid ganó la Decimoquinta en Wembley. Luka, con esto, alcanzó su sexta Champions, igualando a Paco Gento y acompañando en ese repóker legendario a Nacho, Kroos y Carvajal.

Al irse Kroos y Nacho, Luka vio la oportunidad de hacer historia. Durante su negociación con el club, este daba por hecho que, con casi 39 años, él mismo decidiría irse, ya que estaban fichando a jóvenes para la renovación. Pero Modric vislumbraba la posibilidad de quedarse un año más y convertirse en el jugador con más títulos en la historia del Real Madrid. También, si se quedaba, sería el jugador más veterano en jugar un partido oficial para el club, rompiendo el récord de Puskas. Así que habló con el club; bueno, seamos honestos, habló con Florentino. Le dijo al presidente: «Un año más y, si tiene que ser con una rebaja, lo que usted diga». Florentino, que sabe que es una leyenda, le permitió seguir. Luka se quedó y, con la Supercopa de Europa, se convirtió en el jugador con más títulos en la historia del Madrid.

Un Balón de Oro eterno

Y contra el Celta, en Liga, en octubre de 2024, cuando salió en la segunda parte, batió el récord de Puskas de longevidad, con 39 años y 40 días.

Lo escribo: Luka Modric tiene un «yogur» inagotable, al que aún le queda mucho y que sigue sabiendo muy bien. Y si Luka Modric quiere estar otro año en el Madrid, si en realidad lo desea, el club le puede abrir las puertas para que se convierta en el primer jugador de la historia del club en jugar con 40 años. Él quiere empalmar con el Mundial de Estados Unidos. Con 40 años, Luka puede seguir escribiendo más historias en su amado Bernabéu.

No lo olvidemos: en la actual plantilla hay solo un Balón de Oro, el que Modric ganó en 2018. Y nadie debería olvidar que se lo ganó a Cristiano y a Messi, después de una década entera donde esos dos se repartían los Balones de Oro. Desde 2008, cuando Cristiano Ronaldo ganó su primero, hasta 2018, se lo repartían. Modric fue quien rompió ese duopolio que parecía intocable. Luka hizo una temporada magnífica con el Madrid, ganando la Champions en Kiev, y además hizo un Mundial en Rusia maravilloso: con su Croacia, un país pequeño de tres millones de habitantes, llegó a la final y completaron un Mundial impresionante. Aunque lo ganaron los franceses, Luka hizo tal Mundial que los votantes decidieron darle el Balón de Oro. Y ahora, cada vez que sale al campo, el estadio entero corea «Luka, Luka, Luka», porque se lo ha ganado. Un caballero sin fin.

Datos de José María Gutierrez, Guti

Posición en el campo: Centrocampista y delantero.
Partidos oficiales con el Real Madrid: 542.
Goles marcados: 77.
Internacional con España: 14 veces.

Palmarés

3 Champions Leagues.
2 Copas Intercontinentales.
1 Supercopa de Europa.
5 Ligas.
4 Supercopas de España.

GUTI
Gracias por tanto

En mi plantilla he metido a un futbolista especial, diferente, con un punto conflictivo, al que solo puedes amar u odiar. Pero es que mi vestuario necesita un genio y figura como José María Gutierrez, Guti. Si el partido se pone feo, quito a uno de los Galácticos y lo saco a él. Sé que, con su varita mágica, puede darle la vuelta al resultado.

Y cuento con él, con mucho orgullo, pese a que yo fui de los que, durante años, tenían sus reticencias con José. Quiero, con esto, hacerle lo que en términos taurinos es el quite del perdón. Me he dado cuenta de que fui injusto. Pero es que siempre he creído lo que ya le dije alguna vez: «Jose, es que tú no sabes el talento que tenías. En tu bota izquierda no había un Balón de Oro, había dos, y tú no quisiste aprovecharlo».

Guti tenía un talento descomunal. Venía de Torrejón de Ardoz, de una familia humilde, y enseguida los técnicos del Madrid se preguntaron y hablaron de ese chavalito rubio; de esa manera de manejar la pelota, de controlarla; de cómo hacía todo.

Entró en 1985 en la cantera y fue subiendo por todas las categorías, siempre como uno de los más técnicos y más destacados. Y en 1995, con 19 años, Valdano, igual que había confiado en Raúl, también confió en él. No sabía José que iba a permanecer 15 largos años en el Madrid, ganando 15 títulos —un buen promedio de títulos por año— y siendo un futbolista que, poco a poco, se iría haciendo un hueco en el equipo. Le costó al principio, quizás por ese carácter por el que se le acusaba de ser algo indolente, pero luego demostró que no era indolencia. José sabía de sus capacidades y, técnicamente, resolvía cuestiones que iban más allá de correr detrás del balón como un poseso.

Curiosamente, en sus últimos años en el campo mostró un compromiso brutal. Era de los que acababan con la camiseta más manchada, lleno de compromiso, esfuerzo y entrega.

La mala suerte de las finales

Comenzó a ganar galones en el equipo gracias a Del Bosque en 1999. Llegó para sustituir a Toshack (que había sustituido a Hiddink) y en unos seis meses ganó la Copa de Europa en París contra el Valencia. Fue la segunda de Guti, porque en la de dos años antes no había tenido protagonismo; compartía grupo con Karembeu, Seedorf y Redondo, y Heynckes no se atrevió a darle la titularidad.

Con Del Bosque fue diferente, pero tuvo la mala suerte de lesionarse antes de la final en París; si no, habría jugado como titular. Lo mismo le pasó en 2002: iba a jugar la segunda parte, pero, cuando iba a entrar al campo, Casillas tuvo que saltar porque se lesionó César. En esa época solo había tres cambios y Guti se quedó sin minutos.

A pesar de esas desgracias, José tuvo momentos memorables. Recuerdo un partido contra el Bayern Múnich, en los cuartos de final, bajo la lluvia del Bernabéu: fue un encuentro heroico que ganamos 2-0. Uno de los goles fue suyo: un tiro a la escuadra que celebró con rabia, mojado, con la afición entregada a él. También metió un gol histórico en la Copa de Europa el 26 de octubre del 2000, contra el Sporting de Lisboa: el gol 500 del Real Madrid en la competición. Es decir, ya es un jugador histórico.

Guti era capaz de todo: en la temporada 2001-2002, cuando se lesionó Morientes y todavía no había llegado Ronaldo Nazario, Del Bosque se inventó que jugara como delantero centro. Metió 14 goles esa temporada, algunos de una factura colosal. Recuerdo especialmente un gol al Villarreal en el Bernabéu, una tijereta hacia adelante desde fuera del área que puso al estadio en pie. Con eso ya todo el mundo sabía que, además de ser un jugador de gran calidad, si hacía falta, también era goleador.

Guti iba dejando semillitas en los días importantes. En la víspera del fichaje de Ronaldo Nazario, el 30 de agosto de 2002, el Madrid jugaba en Montecarlo contra el Feyenoord la Supercopa de Europa, que hasta entonces se le había resistido; ganamos 3-1 y él metió un gol estupendo que selló el triunfo. Ese mismo año, el Madrid jugó la Intercontinental en Yokohama, Japón, contra el Olimpia de Asunción; ganamos 2-0, con un gol de Ronaldo Nazario y otro de Guti. Cuando jugaba las finales, metía goles.

Fue en esa época de los Galácticos cuando tuvo que remangarse de una manera casi heroica al llegar Beckham. Todos jugaban al ataque, y más cuando el Real Madrid decidió vender a Makelele al Chelsea, que le ofreció un sueldo inasumible para el club blanco porque le rompía la escala salarial (aunque luego se vio que esa venta era un error). A Guti no le quedó otra que adaptarse. Ese año, el doble pivote del centro del campo lo formaban Guti y Beckham, con Raúl, Figo, Ronaldo y Zidane por delante. Todos al ataque, mientras Guti y Beckham sostenían como podían al equipo en el trabajo de contención.

Un tacón tocado por Dios

Recuerdo un partido en el Bernabéu, contra el CSKA de Moscú, que el Real Madrid jugó en el equipo titular con Figo, Zidane, Owen, Raúl y Ronaldo, todos al ataque, y en el que Guti se quedó como un islote en el centro del campo. Aun así, ese día recuperó no menos de doce balones. Se esforzó como nunca, porque entendió que, aunque él era un artista, en ese momento la exigencia del guion le pedía trabajo duro. Ganó el Real Madrid 1-0.

Estuvo en la Liga que terminó con un pasillo del Barcelona (en la temporada 2007-08) y tuvo mucho protagonismo bajo las órdenes de Schuster, que desde el principio confió en él. Esa temporada la acabó con 18 asistencias, una barbaridad. Me acuerdo de un partido contra el Valladolid que el Madrid ganó 7-0, con una actuación espectacular de Raúl y de Guti, quien terminó con cuatro asistencias. Alucinante.

Guti, genio y figura, dejó para la historia dos fotos inolvidables. La primera, un taconazo en la temporada 2005-2006 contra el Sevilla, en el Bernabéu; el receptor fue Zidane. El Madrid ganó 4-2, pero ese taconazo, en diagonal y a quince metros de distancia, habilitó a la estrella francesa de una manera mágica; ningún jugador del Sevilla lo esperaba: estando de lado, lo dio con visión periférica, un modo de mirar el fútbol que nadie supo imitar. Pero su obra de arte, su *Gioconda*, su Van Gogh, llegó el 1 de febrero de 2010. Fue algo único, de esos momentos que quedarán para siempre en la memoria del fútbol. Ya era el final de su carrera en el Madrid, porque pocos meses después, en junio, dejaría el club.

El Madrid llevaba 11 años sin ganar en Riazor y, durante muchas temporadas, el Dépor le había hecho mucho daño. Guti arrancó desde atrás, con el balón controlado, y se plantó solo frente a Aranzubia. El campo estaba en mal estado, embarrado de las lluvias de invierno en el norte. Lo lógico era tirar a puerta, pero Guti demostró que jugaba con un retrovisor en la cabeza; sin girarla, vio lo que pasaba por detrás: su privilegiado cerebro para leer el fútbol ya había leído la jugada. Dio un taconazo maravilloso, sublime, inolvidable, irrepetible, a Karim Benzema, otro genio. Benzema agradeció el gesto y se limitó a fusilar entre dos defensas del Deportivo, ya desesperados ante la sorpresa general. Guti había dejado a Aranzubia tirado, esperando un remate y no que la pelota saliese para atrás, y a los defensas, completamente desconcertados. Con un solo golpeo de balón, desarboló todo el sistema del Deportivo e hizo poesía con la pelota. Aquel momento alcanzó la cima del Everest del fútbol como arte, como un placer artístico de máximo nivel, y Guti lo sabía.

Aunque no le gusta que resuman toda su trayectoria en esa jugada, porque ha hecho mucho más en su carrera, es complicado no hacerlo, porque es una de esas imágenes que quedan para siempre en la historia de un futbolista. El Bernabéu, que con tanta distancia le había tratado durante muchos años, esos últimos meses le premió con aplausos, tanto por ese taconazo como por la incomprensión que muchas veces hubo con él y que no se merecía. Además, Guti se entregó al sentimiento madridista, creyendo en las remontadas y en el espíritu del equipo.

Yo me incluyo entre los que no siempre le entendieron. Tuvimos varias conversaciones en esos años. Él decía que yo era demasiado duro con él. «Es que siempre me comparas con Raúl. Raúl está todos los días picando piedra. Tiene un día libre y se pasa el día viendo partidos de la liga inglesa, alemana, italiana... Para Raúl, casi todo se lo come el fútbol. Joder, yo soy joven, también tengo derecho a vivir mi vida».

Hubo una frase famosa, que dijo en una entrevista, con la que ahora, con el tiempo, sé que tenía razón. Cuando le acusaban de ir mucho a discotecas, él decía: «Pues claro, tengo 30 años. ¿Qué hago, me espero a los 60 para ir a discotecas?». Esos años son los que yo tengo y la verdad es que ir a la discoteca se me hace muy cuesta arriba. No me apetece. Me da pereza. Pero, con 30, ¡claro que iba!

Pero es que Guti tenía talento hasta para eso. Y ahora que no puedo disfrutar de su talento en el campo, disfruto de sus magníficas, serenas, pausadas y contundentes reflexiones en *El Chiringuito.* Tiene ese arte de hacer una pausa hablando, como hacía con el balón, y así desarma muchas veces a la bancada culé.

DELANTEROS

DATOS DE CARLOS ALONSO GONZÁLEZ, SANTILLANA

Posición en el campo: Delantero.
Partidos oficiales con el Real Madrid: 645.
Goles marcados: 290.
Internacional con España: 56 veces.

Palmarés

2 Copa de la UEFA.
9 Ligas.
4 Copas de España.
1 Copa de la Liga.

SANTILLANA
17 pulmones y un solo riñón

Carlos Alonso «Santillana» es uno de mis héroes de la infancia. El Puma, como le decía el inolvidable Héctor del Mar, dejó el legado para todos los madridistas de ser considerado el mejor cabeceador de la historia del Real Madrid, con todo respeto para Cristiano Ronaldo. Por cierto, que Santillana no se llama Santillana, sino Carlos Alonso González; nació en Santillana del Mar, pueblo del que siempre dice, en broma, que es el de las tres mentiras: ni es santa, ni es llana, ni tiene mar. Pero, bueno, él pasó a la fama como Santillana y me encanta. Cuando era pequeño se fue a jugar a un equipo de un pueblo de por allí, el Satélite, de Barreda. El entrenador era Agustín Cuétara, que solía identificar a los jugadores por los pueblos de donde venían y siempre decía: «A ver, el de Santillana». Y su compañero Juan Antonio, el Platanito, le empezó a llamar Santillana y de ahí viene. Cuando después fue al Rayo Cantabria y, más tarde, al Racing de Santander, siendo un chaval de 17 años, ya era Santillana y así se le quedó para siempre.

Él siempre cuenta que empezó jugando con el ocho, de centrocampista. Tenía unas piernas muy poderosas, un físico potente; golpeaba el balón con fuerza, iba bien al choque y era un centrocampista vigoroso. Pero en el Racing lo subieron de posición porque veían que saltaba muy bien de cabeza. En aquella época del fútbol había muchos centros laterales al área y su poderoso salto era un arma letal. Ese cambio de posición cambió su vida.

A punto de ser misionero

Aunque todo pudo haber sido distinto mucho antes. Con 12 años estaba estudiando con las monjas clarisas franciscanas, en la colegiata, y hubo un momento en que ellas intentaron convencerlo para que se quedara de monaguillo e incluso para que fuera a las misiones. Le veían como un buen chico, muy majete, de buen carácter, que no decía tacos, y pensaban que sería un buen misionero en Filipinas. Digamos que su amor por el fútbol le alejó de la vida religiosa.

Así, jugó una temporada bastante aceptable en el Racing, donde disputó 31 partidos y marcó 16 goles, sobre todo de cabeza. Entonces llegó el encuentro que decidió su destino, un amistoso de verano, jugado en el campo de la Viña, en Alicante, entre el Hércules y el Racing de Santander. Santiago Bernabéu, que tenía su casa de descanso en Santa Pola, asistió a verlo. Los técnicos del Real Madrid le habían recomendado fichar a Ico Aguilar, un extremo cántabro, fino, buen pasador y con gran regate, pero Bernabéu, con su ojo futbolístico, pidió verlo en directo antes de firmar. Allí, en el campo de la Viña, Bernabéu quedó convencido de fichar a Aguilar y al portero Corral, pero también se fijó en ese delantero que saltaba tan bien. Dijo: «Oye, fichadme también al chico del nueve, ese que salta tan bien. Ese va a meter muchos goles en el Real Madrid». Le dijeron que era algo tosco, pero Bernabéu insistió: «No quiero vuestra opinión; lo quiero». ¿Quién iba a decirle que estaría 17 años en el club y que se retiraría como el jugador con más partidos en la historia del Real Madrid en ese momento? Hasta Santiago Bernabéu le permitió jugar con melena, algo que no le gustaba nada al presidente blanco. Pero es que ver volar esa melena cuando remataba era fantástico.

En su primera temporada de blanco jugó 34 partidos y metió diez goles. Enseguida mostró su facilidad para hacer goles de cabeza. Y eso que, con el tiempo, se descubrió que, por motivos genéticos, solo tenía un riñón. Sus saltos eran como un vuelo sin motor porque Santillana conseguía suspenderse en el aire unas décimas de segundo antes de impactar la pelota. Por eso siempre ganaba la partida incluso a defensas mucho más altos que él: se elevaba por encima de ellos y se sostenía esas décimas de segundo que eran definitivas para luego impactar de cabeza. Y los remates eran casi en plancha.

Recuerdo ver alguna foto suya completamente paralelo al césped, como si lo hubieran subido con una grúa. Incluso una vez le vi un gol, en uno de los pocos partidos televisados de la época, en los años 70, al Oviedo, desde fuera del área, ¡de cabeza! Fue un centro lateral y pegó un testarazo con tal potencia que entró por la escuadra. Yo creo que es el único gol de verdad que he visto de cabeza desde fuera del área; a lo mejor ha habido alguno en un balón bombeado, pero, de testarazo, el único, Santillana.

MONUMENTO AL SALTO

Fue una noche de octubre de 1979... Un partido vulgar, lleno de espinas entre las que brotó la rosa artística de un salto prodigioso. Erá Santillana el que volaba sin motor para uno de sus famosos remates de cabeza ante la portería búlgara. Un salto, decimos, que merecería el cincel de un Mariano Benlliure, en competencia con «La estocada de la tarde». Un monumento al salto y un monumento a Santillana.

(Foto A. Vega)

La primera remontada europea

En ese Real Madrid hizo una gran sociedad con Juanito y con Camacho, el núcleo duro español; también con Pirri, ya en sus últimos años. Pero hubo una noche que marcó a Santillana y, visto con posterioridad, también al Real Madrid y a su carácter. En 1975, el Madrid cayó en Derby, en la ciudad inglesa, contra el Derby County, por 4-1; fue un robo de partido porque le anularon un gol a Pirri por fuera de juego cuando estaba un metro en posición legal.

Hasta ese momento, nunca había existido la mística de las remontadas, porque el Real Madrid había ganado sus seis Copas de Europa casi sin necesidad de llevarlas a cabo. La única había sido una en la Copa del Generalísimo, en la que, tras perder contra Las Palmas por 4-0, se le ganó 5-0 en la vuelta del Bernabéu en una tarde de locura. Pero no existía todavía esa cultura de remontadas que se instauró después en la Copa de Europa. Todo empezó esa noche contra el Derby County, una noche increíble, con el Bernabéu vibrando como luego haría tantas veces.

Santillana marcó el 3-0 en el minuto 55, pero, en el 62, el rival hizo el 3-1, que lo clasificaba. Y en el 83 se pitó un penalti a favor del Madrid. El encargado de tirarlo fue Pirri y siempre dice que fue la primera vez que escuchó el silencio en el Bernabéu, que el público, por respeto y para no ponerle nervioso, se quedó en silencio. Cien mil personas calladas y el portero enfrente, recuerda Pirri. Lo metió, pero, pasados unos minutos, le temblaban las piernas. Cuando tiraba, no era consciente de lo que estaba haciendo, y sin embargo, después, hasta le entraron náuseas de la tensión acumulada en el cuerpo.

Fue en la prórroga cuando Santillana hizo magia. Tiró un sombrero al central del Derby County y luego, según caía la pelota, pegó una volea espectacular que se convirtió en el gol de la gloria. El Madrid llegó a semifinales, donde cayó contra el Bayern Múnich. En la vuelta expulsaron a Amancio y todo fue muy triste.

Santillana ganó muchas ligas, pero es verdad que la Copa de Europa se resistió. Ni en 1981, en la final contra el Liverpool, ni en el año anterior, cuando la final se jugaba en el Bernabéu y el equipo cayó en semifinales contra el Hamburgo. Santillana no ganó la Copa de Europa y tampoco pudo ganar el Pichichi. Su mejor temporada fue la 1977-78, en la que acabó con 24 goles, pero ese año Kempes hizo 28. Sin embargo, Santillana siempre metía goles y ayudaba al equipo, de ahí el cántico del fondo sur que decía: «Arriba, arriba, arriba; / arriba con ese balón, / que Juanito lo prepara, / que Juanito lo prepara / y Santillana mete el gol».

Fue en la Copa de la UEFA donde Santillana encontró el desquite, el desagravio, y hubo varias remontadas donde él fue el héroe. Había aparecido ya la Quinta del Buitre y al principio parecía que él y Butragueño eran incompatibles, pero, como siempre dije, eran muy compatibles porque Santillana era un delantero centro puro, de fijar a los centrales, ideal para los centros laterales, posicional; mientras que Butragueño era un alma libre, un verso suelto. En las remontadas jugaban ellos y todos los de ataque. Realmente eran un despelote, sin centro del campo, con Míchel de lateral y un zafarrancho de locura, con todos atacando.

Un gol con el corazón

Así nació otra noche mágica e inolvidable. Perdimos 5-1 en el campo del Borussia Monchengladbach, un partido terrible, un desastre del Real Madrid, pero Santillana, junto con Camacho y Juanito, ya en el viaje de vuelta, empezó a decir a todos que iban a remontar en el Bernabéu. Parecía un disparate porque era un equipo alemán con troncos de dos metros, muy fuertes. Era lo mismo: «Remontamos».

Fue el día en que el Bernabéu estuvo lleno desde dos horas antes para intimidar al Borussia. En el minuto 17, el Real

Madrid ya ganaba 2-0, con dos tantos de Valdano, pero fue como si se bloquease el equipo a partir de ahí. Pasaban los minutos, empezó la segunda parte y el ánimo decayó. Había estado tan cerca y volvía a parecer que estaba muy lejos. Pero en el minuto 76 hubo un centro lateral y Santillana, desde el borde del área, empaló el balón con la derecha: le salió pegado al palo. El portero alemán no llegó. Un golazo. Y con el pie, porque ya había perfeccionado su remate.

Siempre se decía que era la mejor cabeza de Europa y se dejaba caer que con los pies dejaba un poco que desear. Santillana se picó mucho en los entrenamientos, trabajó mucho técnicamente y, en los partidos más difíciles, ejecutaba.

Ese último cuarto de hora fue el cuarto de hora más loco de la historia del Bernabéu. Fueron quince minutos en los que todo el estadio, con 100 000 personas, alentaba gritando «¡Vamos, vamos!»; era una marea, el miedo escénico multiplicado. Los jugadores estaban agotados, exhaustos, pero la fuerza venía de la grada y les hizo resucitar. Justo en la última jugada del partido, Camacho sacó de banda, hubo un rebote, Míchel remató y el rechace del portero quedó corto. Dos defensas alemanes de casi dos metros iban a por el balón junto con Santillana; llegaron antes que él, pero Santillana, todo corazón, con «siete pulmones y un solo riñón», se lanzó con su pierna derecha entre las dos torres rivales y metió el pie justo para que el balón, con el apoyo de 100 000 corazones blancos, entrara en la portería. Éxtasis, delirio, emoción, magia, madridismo puro. Creo que fue uno de los tres momentos más felices de mi vida. Ahí descubrí lo que es la magia del Bernabéu, lo que son las noches europeas y lo que es el Real Madrid.

Fue un gol con el corazón, y lo metió con el pie, no con la cabeza, porque ese día no había que jugar con cabeza, sino con corazón.

Carlos Alonso Santillana terminó en el Real Madrid con 290 goles, aunque él siempre dice que tiene 70 más que no le contabilizan y que deberían contar, porque fueron en amistosos, que en aquella época eran tan importantes como los partidos oficiales. Eran partidos del Carranza, el Teresa Herrera... con equipos como Peñarol, Palmeiras; los mejores de América, que tenían un valor que no tienen ahora. Para el Madrid y para Santiago Bernabéu, era obligatorio ganar esos encuentros y hasta tenían una prima especial. Eran tan competitivos como los de la Copa de Europa y él anotó muchos goles. Por eso insiste en que marcó más de 350, pero hoy las estadísticas solo consideran los oficiales, aunque él lo acepta resignado.

Cuatro goles a Malta (¿cuántos metió Lobo Carrasco?)

También dejó su huella con la selección española. Aunque no ganó un gran título, nos regaló momentos muy especiales, como la noche mágica de Malta, en el Villamarín, cuando ganamos 12-1.

Al descanso íbamos 3-1, un marcador aún lejano del objetivo, pero esos tres goles, los tres de Santillana, mantuvieron viva la esperanza. Incluso en la segunda mitad anotó otro gol, el noveno de España, el cuarto suyo de los doce. Rincón anotó otros cuatro, Maceda dos, Sarabia uno y Señor el último. Y aunque Lobo Carrasco, mi amigo televisivo, no marcó, todos recordamos su obsesivo amor por la pelota y el estilo por encima de los goles y los títulos.

Santillana también brilló en la Eurocopa en Francia, donde, en la final, marcó gol con un cabezazo que entró en la portería francesa, pero Luis Fernández sacó de cabeza la pelota desde dentro. No había VAR. Fue en el Parque de los Príncipes y ni el árbitro ni el linier se atrevieron a dar ese gol fantasma. Luego llegó el famoso tanto de Platini, de falta, que se le escurrió a Arconada, pero, para mí, esa Eurocopa la habríamos ganado con un gol de Santillana. Él sabe que eso ya no tiene solución, pero tiene el orgullo de haber competido con dignidad para España y ser una leyenda del Real Madrid.

Datos de Alfredo Di Stéfano

Posición en el campo: Delantero.
Partidos oficiales con el Real Madrid: 396.
Goles marcados: 308.
Internacional con Argentina: 6 veces.
Internacional con España: 31 veces.

Palmarés

5 Copas de Europa.
1 Copa Intercontinental.
2 Copas Latinas.
8 Ligas.
1 Copa de España.
1 Pequeña Copa del Mundo.
1 Supercopa de España (como entrenador).

ALFREDO DI STÉFANO
El fútbol total

En esta plantilla excepcional, aunque no le vi jugar por edad (porque, si no, seguramente no estaría en este mundo escribiendo este libro), el mejor jugador es Alfredo Di Stéfano Laulhé. Yo me fío mucho del ojo futbolístico que tenía mi padre y, desde que me inoculó el bendito veneno del Real Madrid, siempre me repitió una frase que se me ha quedado marcada: «Como Di Stéfano, no ha habido ningún otro». Y, por si fuera poco, añadía: «Di Stéfano es el primer futbolista total que ha habido en la historia».

Futbolista total era aquel que, pese a ser delantero y llevar el 9 en la espalda, aparecía de pronto en defensa, echándole una mano a Santamaría, a Lesmes y compañía, y pegando cuatro gritos. Futbolista total era el que, pese a llevar el 9 en la espalda, aparecía en el centro del campo, recuperaba la pelota, levantaba la cabeza y empezaba a dirigir el juego de ataque. Futbolista total, pese a llevar el 9 en la espalda, era aquel que de pronto aparecía cerca del área o dentro del área y se inventaba una asistencia, un pase genial que habilitaba a un compañero para marcar gol. Y el futbolista total, con el 9 en la espalda, era el que se hinchaba a meter goles de manera descomunal, hasta el extremo de acabar marcando en el Madrid 308 goles en 396 partidos. O sea, estamos hablando de que se acercó a esa media imposible que alcanzó Cristiano Ronaldo, que fue a un poco más de un gol por partido.

Y eso que vino ya con una edad, 27 años, en la que, en aquella época, cuando no existía la preparación física de ahora, empezaba la recta final de la carrera de un jugador. A partir de los 30, un futbolista ya era considerado como veterano. Pero estuvo en el Real Madrid hasta los 38 y después de jugar otra final de la Copa de Europa (ante el Inter).

Di Stéfano es otra demostración de que Santiago Bernabéu tenía un ojo clínico excepcional. Empezó en el River Plate, donde jugaba la famosa delantera de «la Máquina», con Muñoz, Moreno, Pedernera, Labruna y Loustau. Estuvo cedido en el Huracán un año, luego volvió y, de pronto, hubo una huelga en Argentina y muchos futbolistas aprovecharon para ir a Colombia, que era un mercado abierto. Recaló en el Millonarios, donde estuvo cuatro años y en el tercero, en 1952, jugó un amistoso en Madrid y Santiago Bernabéu ya dijo: «Ese rubio me gusta mucho».

«Se viene la Saeta, con propulsión a chorro»

Le llamaban «la Saeta Rubia»; un argentino, Roberto Neuberger, le puso ese mote y la afición del River cantaba: «¡Socorro, socorro! / Se viene la Saeta / con su propulsión a chorro». El portero argentino Rogelio Domínguez, que jugó en el Real Madrid, hizo una definición de Di Stéfano bastante acertada; decía: «Di Stéfano fue el mejor jugador del mundo, pero nunca tenía el 100 % de algo; tenía el 85 % de todo». Hay futbolistas que pueden tener un 9 en ambición, un 7 en velocidad, un 8 y medio en remate de cabeza, pero un 6 en pierna izquierda, o tal. Di Stéfano era bueno en todo, aunque a Domínguez se le olvidó el 100 % en lo de carácter ganador. Era inigualable

Por eso el Barça también le echó el ojo. Y vino la famosa movida, que ya hemos contado mil veces y hasta me aburre escribirla: que fue a Barcelona pero resulta que, por un tema legal, todavía no podía jugar; además, el Barcelona tenía a Kubala, que había tenido una enfermedad y no se sabía si se iba a recuperar para el fútbol, así que Di Stéfano pasó bastante tiempo en Barcelona, parado, jugando amistosos. Hay alguna foto de Di Stéfano con la camiseta del Barça, pero evidentemente no le cuajó ese sentimiento, porque en cuanto pudo, en cuanto le llamó el Real Madrid, salió escopetado. El caso es, insisto pese al aburrimiento, la Federación Española de Fútbol decidió que, oye, un año para cada uno, primero el Madrid y luego el Barcelona. Pero, como se recuperó Kubala y debieron pensar que no era tan bueno, dejaron que se lo quedara en Madrid y así hacían negocio. No olvidemos que fue por dinero: el Madrid pagó al Barça 4 400 000 pesetas y a Millonarios 1 350 000 pesetas. O sea, en esa época, un dineral. Y hay que repetir otra vez, y las veces que sea, que el Barcelona aceptó el dinero. No fue que Franco le robara a Di Stéfano al Barça, no; es que, cuando el Barça vio la pela, dijo: «Dame, dame, que esto es para mí». No hay conspiraciones: el Real Madrid apostó por Di Stéfano; el Barcelona, no.

Di Stéfano se enamoró enseguida del Madrid por el trato de Bernabéu y de Raimundo Saporta. Durante el franquismo, antes de su llegada, el Madrid no había ganado ninguna Liga. Nunca olvidemos eso: el Barça había ganado 5; el Atlético Aviación, 3; Valencia, Sevilla, Athletic de Bilbao... todos habían ganado la Liga, menos el Madrid. Llegó Di Stéfano y en su primer año fue pichichi con 27 goles. Y el Madrid ganó ese campeonato. También había llegado Gento, pero aún era un diamante por pulir: corría como un gamo y no sabía poner la pelota, no sabía centrar. Luego aprendió más que bien.

Di Stéfano pidió refuerzos a Bernabéu y, a partir del segundo año, cuando vino el argentino Héctor Rial, recomendado por él, y con Gento ya más asentado, la maquinaria empezó a funcionar. Ganaron otra Liga, y en el 55, además, se fundó la Copa de Europa. Ahí fue cuando empezó la verdadera leyenda de Di Stéfano.

Fue un jugador capaz de llevar a su equipo a cinco finales de la Copa de Europa. Y no solo eso, sino que, además, marcó en las cinco. Eso no lo han hecho ni Messi ni Cristiano Ronaldo. Sumando, metió siete goles en esas finales, lo que demuestra no solo su regularidad, sino también su capacidad ganadora, su ambición y su grandeza para aparecer en los momentos importantes. La sexta final ya no pudo ser, por el famoso robo de Mr. Ellis y Mr. Leafe, quienes en octavos de final ante el Barça decidieron, con dos arbitrajes escandalosos, que el Madrid no podía ganar seis Copas de Europa seguidas.

Otro Balón de Oro polémico

En 1957, *France Football* lo reconoció como el mejor jugador del mundo con el Balón de Oro. Y lo volvió a ganar dos años después. Si no se lo llevó en 1958 fue porque *France Football* se lo dio a Kopa (que también lo había fichado el Madrid). Como era francés, pues barrieron para casa. Luego, en el 60, el premio se lo dieron a Luis Suárez; fue el año en el que el

Real Madrid ganó por 7-3 en la mejor final de la Copa de Europa, al Eintracht, en Glasgow: Di Stéfano metió 3 goles y Puskas 4, y uno se sigue preguntando cómo el Balón de Oro fue para Luis Suárez. No es solo por Vinicius: está claro que lo de las polémicas con el Balón de Oro viene de lejos.

La revista tenía mala conciencia, porque en 1989, cuando se lo dieron a Van Basten, inventaron una figura única, el Súper Balón de Oro, que fue para Di Stéfano, como una especie de reconocimiento a todo lo que le debían.

Con los años, empezaron los problemas. En 1962 el Real Madrid perdió la final de la Copa de Europa contra el Benfica de Eusebio y, dos años después, cuando Di Stéfano tenía 38 años, se perdió la final contra el Inter (3-1); Di Stéfano jugó, por supuesto, pero no estuvo bien. El Inter pasó por encima y Miguel Muñoz se enfadó con él porque consideró que no estuvo a la altura. Di Stéfano, de carácter fuerte, no se quedó callado: le echó la bronca a Muñoz por su mala táctica. Literalmente, Muñoz, que era muy castizo, lo mandó a la mierda. Y Di Stéfano, que, aunque no era castizo, se había adaptado al carácter de la ciudad, también mandó a Muñoz a la mierda. De vuelta en Madrid, como suele pasar en estas cosas de vestuario, Di Stéfano pensó que ahí quedaría la cosa. Pero después había una semifinal de Copa del Generalísimo contra el Atlético de Madrid.

No olvidemos que esa época no había suplentes: eran once titulares y algunos más que incluían en la convocatoria por si alguien se ponía enfermo antes del encuentro.

La sorpresa fue que Di Stéfano no entró en la lista. Él pensó que era un error, pero, al comprobar que no, se fue a hablar con Bernabéu y el gerente, Antonio Calderón. Don Santiago, con su sentido de la disciplina muy de la época, ya pensaba que, a sus 38 años y con un poco de barriga, tal vez era hora de que Di Stéfano diera un paso al costado; aunque respetaba enormemente su grandeza, veía que quizás ya no era su momento. Le dijo: «Alfredo, aquí eres intocable. Puedes quedarte en el club, en la función que te guste, y hacer lo que quieras». Pero eso enfureció aún más a Di Stéfano: «¿De lo que quiera? Yo no soy cualquiera. No voy a quedarme apagando la luz del estadio por las noches».

Y la relación se rompió. El presidente, que había bautizado su barca de Santa Pola como «Saeta Rubia», le cambió el nombre por el de Marizápalos, el apodo de niña de su mujer. Aun así, en 1967, se le hizo un homenaje en un partido amistoso contra el Celtic de Glasgow, que había ganado la Copa de Europa; el Real Madrid jugó de blanco, pero con pantalón azul porque el Celtic llevaba su mítica camiseta con rayas horizontales verdes y blancas, y pantalón blanco. Como ellos ganaron la Copa de Europa, el Madrid, por respeto, se cambió el pantalón.

Di Stéfano, frustrado, se fue al Espanyol y ahí se consumó su declive futbolístico y empezó su carrera como entrenador: estuvo en Boca, pasó por el Valencia —donde ganó la Liga—, y así fue desarrollándose fuera del Madrid.

Bernabéu murió en 1978 y por eso se abrió nuevamente la puerta para el regreso de Di Stéfano, quien volvió con Luis de Carlos. Fue entrenador del Madrid en la temporada 1982-83, una etapa que es recordada con cariño por muchos, aunque también con dolor: las cinco competiciones que se disputaron se perdieron en el último partido.

Por ejemplo, en la última jornada de Liga, en Valencia, el empate era suficiente para ganarla, pero perdimos y el Athletic se la llevó.

En la final de la Supercopa de España contra la Real Sociedad, ganamos aquí por la mínima(1-0), pero en la vuelta perdimos también por la mínima en el tiempo reglamentario. A partir de ahí empezó el festival del árbitro aragonés Pes Pérez, que nos dejó con nueve jugadores, y fuimos goleados en la prórroga (4-0).

Después, en la final de la Recopa, el extinto torneo —el único título que no tiene el Madrid—, en el estadio Ullevi de Gotemburgo, comenzamos ganando con un gol de Juanito, pero, bajo una lluvia torrencial, el Aberdeen de Alex Ferguson comenzó su leyenda. Nos empataron y, en la prórroga, marcaron el gol decisivo de cabeza, uno que Agustín no pudo detener. Fue el tercer título perdido.

Seguimos. Final de la Copa del Rey, en Zaragoza. Partidazo contra el Barça de Maradona. Empate a uno tras goles de Víctor Muñoz y Santillana. El partido se iba a la prórroga, pero, en el último minuto del partido, en un pase al segundo palo, el Pichón, Marcos Alonso, se lanzó de cabeza y con el parietal se la cambió por completo a Miguel Ángel. Fue cuando Schuster, entonces en el Barcelona, se puso a hacer cortes de manga.

También se perdió la final de la Copa de la Liga, torneo que solo duró unos años. La final fue en el Bernabéu, cuando la famosa jugada en contrataque del Barcelona que acabó con el histórico gol de Maradona. El argentino avanzó solo 45 o 50 metros hacia Agustín; este, con sus dos metros de alto, se estiró y lo obligó a escorarse mucho a la derecha: Maradona le regateó, pero tuvo que volver a girar hacia la portería. Eso dio tiempo a que llegase Juan José, Sandokán, para tapar el tiro; sin embargo, Maradona, con una frialdad que nunca olvidaré, le hizo un regate con su zurda mágica.

Juan José se estrelló espectacularmente con el poste y Maradona depositó la pelota a puerta vacía. Ha sido la única vez que he aplaudido al Barcelona en mi vida. No pude evitarlo: sí, aplaudí. Estaba asombrado.

Los mejores son Di Stéfano o Maradona (Messi, ni hablar)

Por eso siempre he dicho que, para mí, Maradona es el mejor jugador que he visto. Y eso demuestra que no siempre veo todo con mis ojos blancos, aunque ojalá Maradona hubiera jugado en mi Madrid. Mi padre insistía, sin embargo, en que Di Stéfano fue el mejor de todos los tiempos. Bueno, entre argentinos anda el juego.

Evidentemente, el que no entra en la ecuación es Messi. Un jugador sobrevalorado, porque, al lado de Maradona y Di Stéfano, está a años luz. Es absurdo compararlos, porque Messi nunca consiguió lo que ellos. Sí, en facturación todos los años y sí, en regularidad. Pero en encanto como futbolista, en magia y en ser tan determinante, para nada. Ganó tres Copas de Europa en años salteados, no fue capaz de jugar dos finales seguidas y no marcó en todas las finales, como sí hizo Di Stéfano; por ejemplo, en 2015 se quedó sin gol en la final de Berlín ante la Juventus de Morata. Y luego tiene una colección de fracasos: no hace falta recordar todo lo que pasó luego con el Atleti del Cholo, con la Juventus de Buffon, con la Roma de Manolas, con el Liverpool de Klopp e incluso con el PSG de Mbappé o el Bayern de Flick (¡el 2-8!).

Se me puede echar en cara que Maradona tampoco ganó la Copa de Europa. Pero, para mí, ganar una UEFA con el Nápoles es ganar la Copa de Europa. Ganar dos «scudettos» (*scudetti*) con el Nápoles es como ganar una Copa de Europa.

Di Stéfano, de todos modos, sigue siendo extraordinario. Por cómo jugaba y por cómo entendía el fútbol. Suya es la frase «Ningún jugador es tan bueno como todos juntos». Y además, dejó un decálogo, en el libro *Gracias, vieja*, escrito por Alfredo Relaño y Enrique Ortego, que vale como los diez mandamientos del fútbol.

1. Tener la semilla del fútbol desde niño y acrecentarla día a día, mes a mes, año a año.
2. El fútbol es práctica permanente; hay que tener contacto con el balón en todo momento.
3. Para llegar a ser un *crack* se debe tener alegría, ilusión, fe en uno mismo y mentalidad ganadora, pero también es importante saber perder para sacar conclusiones que ayuden a corregir errores.
4. Gran preparación física, exigida y estimulada por uno mismo, sin que el entrenador deba insistir a diario; trabajando especialmente velocidad y reacción.
5. Jugar para el equipo.
6. Ser compañero y amigo de todos los integrantes del plantel.
7. Buscar el gol por el camino más corto.
8. Ser práctico, pero también pícaro, porque el fútbol es picardía.
9. Cabeza fría, corazón caliente.
10. Pensar que uno es deportista y que, para triunfar, debe cuidarse. La vida privada es tan fundamental como la deportiva.

La grandeza de Di Stéfano, su papel protagonista en el fútbol mundial, se vio, en fin, en el Centenario de la Federación Inglesa, en 1963. Jugó Inglaterra contra una selección mundial y el capitán de esa selección era... Di Stéfano.

Tenía, pues, razón mi padre, que tanto admiraba a Di Stéfano. Y si él decía que fue el mejor de todos los tiempos, yo no seré quien lleve la contraria a su memoria.

Datos de Ferenc Puskas

Posición en el campo: Delantero.
Partidos oficiales con el Real Madrid: 262.
Goles marcados: 242.
Internacional con Hungría: 85 veces.
Internacional con España: 4 veces.

Palmarés

3 Copas de Europa.
1 Copa Intercontinental.
5 Ligas.
1 Copa de España.

FERENC PUSKAS
Gordito, feliz y goleador

Además de Di Stéfano, Santamaría o Gento, en mi plantilla ideal no podía faltar Ferenc Puskas, el famoso «Cañoncito Pum», un futbolista con una zurda prodigiosa, con la que, como decía mi padre, «la reventaba». Nunca había oído esa expresión hasta que me hablaron de él.

Puskas merece un reconocimiento especial ya que, quizá, fue el único grande en la historia que tuvo dos carreras futbolísticas totalmente separadas. Hasta los 29 años, fue un grandioso jugador en el Honved de Budapest y en la selección húngara. El Honved era un equipazo y Puskas era su estrella, el capitán, un jugador descomunal al que los goles se le caían de los bolsillos: en 84 partidos con Hungría, metió 83 goles, lo cual es una barbaridad, sobre todo considerando que algunas selecciones son rivales muy complicados. Además, fue campeón olímpico en 1952 con Hungría, lo cual ya era una advertencia de lo que vendría. Dos años después, llegó el Mundial de Suiza y tuvo la mala suerte de perder la final contra Alemania por 3-2, en lo que se conoce como el «milagro de Berna». Hungría, hasta ese choque, sumaba 32 encuentros sin perder.

En 1956 Puskas seguía triunfando con el Honved. Estaban en Viena, haciendo escala porque iban a Bilbao para jugar un partido de la Copa de Europa, ya que el Athletic había ganado la Liga. Sin embargo, mientras esperaban el transbordo, se enteraron de que el ejército soviético había invadido Budapest. Esto provocó un revuelo total en la concentración húngara. Algunos pensaban que, al estar bajo el telón de acero, no había más remedio que aceptar la invasión y seguir con su vida, pero otros, como Puskas, decidieron no volver.

Empieza una nueva vida

Él era un tipo al que le encantaba disfrutar de la vida, salir con sus amigos y vivir en libertad. La idea de regresar a una Hungría bajo el yugo soviético le resultaba insoportable, por eso decidió desertar. Sin embargo, la FIFA, en aquella época, apoyaba la oficialidad y lo suspendió junto con sus compañeros, que habían tomado la misma decisión. Él se estableció en la Riviera italiana y desde ahí se organizaban partidos amistosos para sobrevivir, aunque, claro, por los dos años sin jugar de manera oficial, y la buena cocina italiana, ganó unos cuantos kilos. De hecho, llegó a estar 12 kg por encima de su peso.

En 1958, Emil Osterreicher, secretario técnico del Real Madrid, sugirió ficharlo. Puskas tenía ya 31 años, llevaba dos sin jugar oficialmente y estaba, según decían, «gordo como una patata». Pero Bernabéu, informado sobre su talento, decidió darle una oportunidad. Cuando el entrenador Carniglia vio a Puskas por primera vez, le dijo al presidente blanco: «¿Qué quiere que haga yo con este hombre y esa barriga?». Bernabéu respondió: «Yo soy el que ficha al jugador y usted se encarga de ponerlo a punto para que nos ayude a ganar títulos».

Desde el primer día, Puskas mostró buena actitud y respeto hacia la leyenda del Madrid, que ya había ganado tres Copas de Europa. Con esfuerzo y sin la nutrición avanzada de hoy, logró poco a poco ponerse en forma y, en su primer partido oficial en el campo del Real Madrid, contra el Sporting de Gijón, metió tres goles, para dejar claro a su nueva afición que llevaba el gol en la sangre.

Puskas era muy simpático, muy gracioso, era sociable. Todo el mundo se reía con él. También era algo bohemio: así, puso un negocio de salchichas (claro, tenía que ser comida), al que llamó «Salchichas Puskas». No fue gran cosa ni fue especialmente bien, pero él disfrutaba.

Una delantera que es un verso

En el campo, se llevó fenomenal con Di Stéfano y con Gento y eso hizo que la química entre ellos fuera especial. Formaron una delantera de ensueño, posiblemente la mejor de la historia. En aquellos tiempos, como se jugaba con cinco delanteros, es difícil encontrar cinco nombres tan espectaculares juntos: Kopa, Rial, Di Stéfano, Puskas y Gento. Solo recitar esos nombres pone los pelos de punta. No hay un verso más bonito. Sin embargo, no jugaron muchas veces todos juntos, por lesiones o ausencias o porque no había cambios. En total, disputarían entre 20 y 30 partidos con todos en el campo.

Con Puskas en el equipo, las Copas de Europa siguieron cayendo. La cuarta se ganó en Stuttgart al Stade de Reims, por 2-0, pero Puskas, que sí estuvo en los encuentros anteriores, no jugó ese. Fue cuando Mateos marcó al primer minuto y al cuarto de hora, crecido, decidió tirar un penalti. Lo falló y Di Stéfano casi lo mata. Después, Alfredo hizo el segundo.

Su verdadera consagración, su obra maestra, llegó en la final de 1960, en «el partido de los partidos», ese 7-3 contra el Eintracht Frankfurt en Hampden Park, con 135 000 personas presentes, y que no le valió el Balón de Oro pese a sus cuatro tantos, como ya hemos contado. Un partido más, aparte de esta final, marcó su mejor año: la primera Copa Intercontinental, ese invento para determinar quién era el mejor del mundo, pues, en aquella época, en Sudamérica había grandes potencias futbolísticas; la final, a doble partido, fue contra el Peñarol de Montevideo, que era el campeón sudamericano. En la ida, en Montevideo, empataron a cero en un partido bajo una lluvia torrencial, con el campo enlodado e imposible de jugar, pero en la vuelta, en un Bernabéu repleto, ya iban 3-0 en el minuto 10, con dos goles de Puskas y otro de Di Stéfano. Ya he contado que mi padre siempre decía que ese fue el mejor primer cuarto de hora de fútbol que vio nunca. Fue como una coreografía perfecta, con Puskas desatado y esos 15 minutos como de ciencia ficción. El encuentro terminó 5-1.

Puskas, qué pena no haberte visto golear en el Camp Nou

Y no olvido lo que hizo en el campo del Barcelona. El Madrid solo ha ganado dos veces por cinco goles en el Camp Nou, una 1-5 y otra 3-5. En la primera, Puskas hizo un *hat-trick*; meter tres goles al Barça en su campo no es solo una hazaña, es un placer. Me arrepiento de haber nacido tan tarde, porque hubiera dado cualquier cosa por ver a mi Cañoncito Pum meter

TRAS UN PRIMER TIEMPO INDECISO Y EQUILIBRADO, CON UN SOLO TANTO

El Real Madrid acabó goleando (4-0) al Barcelona

Ejecutores del resultado: Puskas (tres, uno de penalty) y Di Stéfano (uno)

ALINACIONES. — REAL MADRID: Araquistain; Pachín, Santamaría, Casado; Muller, Zoco; Amancio, F. Ruiz, Di Stéfano, Puskas y Gento. — BARCELONA: Pesudo; Foncho, Olivella, Eladio; Segarra, Vergés; Zaballa, Re, Vidal, Fusté y Cubilla.

FACTORES VARIOS.—Mucho frío. Según el termómetro, uno o dos grados sobre cero. Poco público, quizá algo menos de la mitad del aforo. Luz artificial. Los masajistas salieron al campo para atender a Félix Ruiz, Re, Amancio...; golpes leves. Irritó, con razón, una entrada, creemos, que intencionada y peligrosa de Cubilla a Amancio. Ovación al Real Madrid al final del partido.

GOLES. — Un solo gol en el primer tiempo. Fué así: chuta Muller, rechaza un defensa azulgrana, el balón va a Puskas, que tira fuerte; despeja Pesudo y el balón va de nuevo a Puskas, cuyo tiro esta vez logra traducirse en gol. Al descanso se llega con este resultado. A los veinticuatro minutos de la segunda parte, escapa Gento por su banda; al mismo tiempo, Puskas, intuyendo el probable pase de su extremo, arranca por el centro, desbordando a Segarra en la carrera. Gento centra, y Puskas, recogiendo un poco a la media vuelta el balón, pedifactura un soberbio y espectacular disparo. El gol más bonito de la noche, acogido con nutrida y larga salva de aplausos. Diez minutos después, chuta Puskas, da el balón en un defensa catalán y sale hacia Amancio. El tiro de éste, cruzado, lo desvía Pesudo con una pierna sobre Di Stéfano, cuyo chut raso, duro y esquinado no halla obstáculos en el camino del gol. Tres a cero. A los treinta y nueve minutos, Gento es derribado dentro del área. El penalty lo ejecuta magistralmente, con serenidad y engaño, Puskas. Total, cuatro a cero a favor del Real Madrid.

ARBITRAJE. — A cargo del señor Ortiz de Mendibil. Estuvo bien, y el único fallo que cabe

Puskas realizó tres de los cuatro goles conseguidos por el Real Madrid. Puskas, además, protagonizó la ovación más nutrida y entusiasta de la noche por la impecable factura de su segundo gol, exponente de visión de la jugada, rapidez y seguridad en el tiro sobre la marcha. Un momento de este gol nos lo da el grabado. (Foto exclusiva de Torremocha.)

tres al Barça en el Camp Nou y ver al Madrid hacer una manita allí. En el siguiente Clásico, en la vuelta, en el Bernabéu, el Real Madrid volvió a golear: 4-0 ¡y otros tres goles de Puskas!

Sin duda, era una estrella. No tenía el liderazgo de Di Stéfano ni su ejemplaridad, tampoco era tan completo como él, pero, cuando agarraba la zurda, ponía la pelota donde quería. Era famoso por los juegos que hacían al terminar los entrenamientos: desde el borde del área, se ponían a tirar al larguero, a propósito. Pues Puskas, muchas veces, lograba 10 de 10; tenía una precisión increíble.

Se retiró con una Copa de Europa más, ya muy mayor (con casi 39 años), ganando la Sexta, la de «los Yeyé», esa que ganaron once españoles. Puskas jugó la primera eliminatoria, contra el Feyenoord holandés, y en el partido de vuelta metió los cuatro primeros del 5-0 con el que ganó el Real Madrid. Es decir, en su año de declive, aún era capaz de hacer eso: hay que ser muy bueno. Jugaría un encuentro de la siguiente eliminatoria y, después, su bajón físico le impidió jugar más.

He visto fotos de sus últimos años en el Madrid; jugaba, digamos, «embarazado», pero su zurda mantenía la precisión. Cuando agarraba el balón, en los penaltis o en las faltas, lo hacía mejor que nadie. Si tenía ángulo para disparar desde cualquier posición, la reventaba —qué bonita expresión—, aunque ya no pudiera hacer un esprint.

Un año después, el Real Madrid le hizo un bonito homenaje contra el Rapid de Viena, en el Bernabéu, en un partido que se ganó por 4-2, y recibió todo el cariño del madridismo.

Luego fue entrenador, hizo carrera e incluso llegó a la final de la Copa de Europa con el Panathinaikos. Más tarde, regresó a Hungría, donde se convirtió en una celebridad. Hay un museo en Budapest dedicado a Puskas y, de alguna manera, se reconcilió con su país. Sin embargo, lo que siempre quedó en el imaginario madridista fue que Ferenc Puskas fue un socio de aventuras, de grandeza y de conquistas en el Real Madrid histórico de Di Stéfano, Gento y compañía. Ese Real Madrid al que querían denigrar diciendo que era «en blanco y negro». Qué gran mentira: todo era maravilloso, en color e inolvidable.

Datos de Paco Gento

Posición en el campo: Extremo izquierdo.
Partidos oficiales con el Real Madrid: 600.
Goles marcados: 182.
Internacional con España: 43 veces.

Palmarés

6 Copas de Europa.
1 Copa Intercontinental.
12 Ligas.

2 Copas de España.
2 Copas Latinas.
1 Pequeña Copa del Mundo.

PACO GENTO
El creador del club de las seis

Francisco Gento, Paco Gento, fue durante tantos y tantos años el rey de la Copa de Europa, porque desde el 1966 hasta el 2024 fue el único que había ganado seis títulos de la Copa de Europa. Estuvo en una especie de pedestal, un trono que parecía inalcanzable. Bueno, no tan inalcanzable para otros jugadores del Real Madrid, que es el equipo que domina en la competición más deseada. Por eso, cuando, en Wembley, el equipo de Ancelotti levantó la Decimoquinta... Carvajal, sangre madridista; Nacho, sangre madridista; Toni Kroos, sangre madridista; y Luka Modric, sangre madridista, se unieron al club exclusivo que hasta ese momento solo tenía a Paco Gento como miembro. Por tanto, podemos escribir que, en esa Champions, Gento estuvo presente, al menos en espíritu. Pero es que, además, tiene un récord que me parece imposible que consiga otro ser humano en el fútbol actual: en sus 18 años en el Real Madrid, ganó 12 Ligas; un porcentaje abrumador. Vamos, ni con tres Negreiras lo logrará nadie. Es impresionante.

Gento era de Guarnizo; un cántabro de pura cepa, de honor. Un hombre que lideró una familia de deportistas únicos. Tenía dos hermanos, Toñín y Julio: el primero, Toñín, llegó a jugar una temporada en el Madrid, en la 61-62, compartiendo vestuario con Paco y disputando tres partidos de Liga; mientras que Julio, que no daba tanto nivel, estuvo en el filial, el Plus Ultra, y luego hizo carrera por otros equipos de España. Pero sí existe una foto mítica del año 59, de un amistoso que organizaron en el Bernabéu contra el Zúrich. Ahí estaban los tres hermanos vestidos de blanco. Esa foto de los tres Gento (Toñín, Julio y Paco) era uno de sus grandes orgullos de Paco. El Real Madrid ganó por 5-2, Paco hizo dos goles y Toñín otro. Los Gento en todo su esplendor.

Una estirpe inagotable

La estirpe de los Gento continuó en el tiempo y sus sobrinos también fueron deportistas de élite: José Luis y Toñín, en baloncesto, y Julio y Paco, en fútbol. Es increíble que tantos miembros de una familia hayan llegado tan lejos en el mismo equipo. José Luis Llorente fue medalla olímpica en Los Ángeles y de Paco Llorente todo el mundo recuerda cuando se le fichó del Atlético por 50 millones de pesetas y deslumbró al Bernabéu con esas galopadas históricas, como en aquella inolvidable eliminatoria contra el Oporto, que entonces era el vigente campeón de Europa.

No se detiene nunca la estirpe, que tiene en Marcos Llorente, hijo de Paco, a su último ejemplar, aunque ahora esté en el Atlético. A pesar de eso, nadie puede discutir su sacrificio ni puede dejar de recordar que en el Mundial de Clubes que ganamos en 2018, con Solari de entrenador, marcó un golazo espectacular. Esa familia no tiene fin.

Pero la referencia es Paco Gento, puro corazón, un hombre tranquilo, humilde, siempre rodeado de sus amigos. No olvidemos que, de niño, ayudaba a su padre, que era chófer de camión y también cuidaba vacas en el campo. A los 14 años, compatibilizaba el fútbol con ayudarle y soñaba con jugar en el Racing de Santander. Lo cumplió. Pero quién iba a imaginar que, en la temporada 51-52, jugando solo 14 partidos y marcando tres goles, llamaría la atención del Real Madrid.

Al comenzar, compaginaba el fútbol con el atletismo; de ahí, de esa práctica deportiva, venía su velocidad. Y, aunque técnicamente no era el mejor, alguien en el Bernabéu vio su potencial e insistió para que se le fichara; tuvo buen ojo, porque era una apuesta arriesgada por un futbolista veloz pero no especialmente dotado técnicamente y sin apenas experiencia. El caso es que llegó al Real Madrid al mismo tiempo que Alfredo Di Stéfano.

Y cómo corría, era tan impresionante que parece que los vídeos del *NO-DO*, que se ponían en los cines antes de las películas, estaban acelerados. Pero no, qué va: es que, en esas imágenes en blanco y negro, casi volaba cuando enfilaba la banda y dejaba atrás a todos sus rivales.

Mi padre, que vio varios partidos en el Bernabéu ese año de su debut, me confesó que, pese a todo, se escuchaban pitos en contra de Gento porque, muchas veces, corría y corría pero no sabía frenarse a tiempo. Entonces, el balón se le iba por la línea de fondo o lo rifaba de mala manera porque era tan rápido que se entorpecía a sí mismo.

Aunque nadie le paraba, es verdad que no sacaba todo el potencial que podía de esa velocidad endiablada. Tanto fue así que, al final de esa primera temporada, hubo un mar de dudas para Santiago Bernabéu: le gustaban los futbolistas que emocionaban y que te ponían el balón al pie. Y Gento no tenía ese perfil: era rápido, pero aún tosco. Si se quedó en el Real Madrid fue porque Di Stéfano le prometió a Bernabéu que iban a sacar el máximo provecho de él, que al final iba a hacer carrera y que solo había que enseñarle a frenar a tiempo y poner bien los balones en el área. Y se quedó, también, porque su rendimiento, a pesar de sus déficits, ya servía para ganar. El primer año con Di Stéfano y Gento, el Real Madrid conquistó la Liga. Y no fue cualquier Liga, porque era la primera que ganaban en veinte años.

Y Gento controló su caballo

El Madrid había ganado en 1933 su segunda Liga consecutiva. Recordemos, y lo haremos todas las veces que haga falta, que son los años de la República, porque curiosamente el Madrid, ese equipo al que dicen tan franquista y todo eso, ganó sus dos primeras Ligas en la República y después, durante 14 años de franquismo, estuvo a verlas venir. Hasta que Di Stéfano cambió el rumbo de la historia del equipo, acompañado de Gento.

Fue la llegada de Héctor Rial lo que hizo que el valor del extremo cántabro se multiplicara; él fue quien, definitivamente, convenció a don Santiago Bernabéu de que Gento se-

ría útil. Rial le enseñó a tener templanza, a hacer el recorte en el último momento, a levantar la cabeza y centrar, y, a veces, a jugársela él mismo. Rial, encima, le ponía unos balones excelentes y Gento aprendió a domar su velocidad, como si fuera un caballo en un rodeo. Así, cuando logró controlarla, apareció el jugador descomunal, incontrolable, imparable, desequilibrante. No había quien lo alcanzara. Es eso que dicen de «¡Échale un galgo!», porque para pararlo hacía falta eso, un galgo.

Gento siguió ganando títulos, y más cuando se inventó la Copa de Europa. El Real Madrid ganó la primera, 4-3 al Stade de Reims; en la segunda, jugada en el Bernabéu ante la Fiorentina, ya marcó uno de los goles (el otro, Di Stéfano); en la tercera, se convirtió en el héroe, por encima incluso del argentino: fue en la final contra el Milan, un equipo brutal que puso al Madrid contra las cuerdas. Acabaron empate tras los 90 minutos y los futbolistas estaban tan agotados que, al inicio de la prórroga, Di Stéfano se acercó a Gento y le dijo: «Esto solo lo puedes arreglar tú, te necesitamos». Paco, sorprendido, cumplió. En el área, con un zurdazo pegado al palo, marcó el golazo del 3-2. Fue su gran noche, en Bruselas, con miles de españoles emigrantes de testigos y emocionados.

Gento sumó tres más, Rial se marchó y después lo haría Di Stéfano y Paco se fue convirtiendo en el más veterano. Sin embargo, en la temporada 65-66, con 32 años, aún mantenía su puesto en el once titular. Y por eso estuvo en la foto del equipo titular de la Sexta, de nuevo en Bruselas, que tan buenos recuerdos le traía tras haber ganado ahí la tercera.

Gento aguantó hasta los 38 años y el broche de oro pudo haber sido la Recopa, ese título que el Madrid nunca ganó, y para el (mal) recuerdo queda la maldita final contra el Chelsea de la que ya hemos escrito (1971).

Un adiós que era un hasta luego

Después de 18 años de actuaciones prodigiosas, llegó el momento de su adiós del Real Madrid, pero no de su olvido. Fue tal la impronta que dejó que, pasados los años, Florentino decidió que Gento tenía que ser Presidente de Honor. Ya antes lo había tenido en su candidatura junto con Amancio y otros veteranos que le apoyaron. No era fácil posicionarse en ese momento por Florentino porque, no lo olvidemos, el Madrid acababa de ganar dos Copas de Europa en tres años con Lorenzo Sanz. Para un veterano era complicado «mojarse» con otra candidatura, en principio, no ganadora, pero él estaba ahí.

Gento acompañó mucho a Florentino esos días, porque su experiencia y su autoridad moral en el club le venían muy bien. Ya hemos contado cómo Paco estuvo en aquella reunión en la que Eto'o no pudo controlar su mal humor ante la sorpresa de Florentino. La presencia del mito blanco evitó males mayores.

Más adelante, en 2015, Florentino nombró a Gento como decíamos Presidente de Honor del club. Fue un reconocimiento justísimo que, aunque le costó aceptar, le llenó profundamente. Él, que era un hombre muy de su casa y su familia, no estaba acostumbrado a tantas apariciones públicas y le costaba moverse de su hogar. Y eso que vivía cerca de la calle Padre Damián, muy próximo al Bernabéu, y era habitual que se acercara a la oficina de Veteranos. Su rutina era muy sencilla: solía comer el menú del día en la cafetería y jugar su partida con los amigos de confianza. Al final le convencieron para que aceptara y, en el fondo, le gustó.

Un veterano me contó que Gento siempre había sido muy familiar, algo retraído y tímido, y que, sin embargo, también tenía una pequeña herida interior: a pesar de ser el único futbolista con seis Copas de Europa, sentía que nunca había recibido un reconocimiento como el de Di Stéfano; pensaba, sin decirlo, que se le valoraba menos. Por eso, ese nombramiento como Presidente de Honor le llenó completamente.

De hecho, asistió a bastantes actos y fue impecable en su cargo, hasta que la vida se lo llevó con 88 años, el 18 de enero de 2022. Su recuerdo, el de esa Galerna del Cantábrico que volaba por la banda, quedará para siempre.

Datos de Amancio Amaro

Posición en el campo: Delantero.
Partidos oficiales con el Real Madrid: 471.
Goles marcados: 155.
Internacional con España: 42 veces.

Palmarés

1 Copas de Europa.
9 Ligas.
3 Copas de España.
1 Eurocopa con la selección española.

AMANCIO
El jugón

El jugón que sí vieron mis ojos. No llegué a ver a Di Stéfano ni a Puskas ni a Gento, que se retiró cuando yo tenía seis añitos y no se televisaban los partidos; no lo recuerdo y lo lamento. Pero a Amancio sí le vi.

Le vi exactamente sus tres últimos años, del 73 al 76. Y aunque todos me decían que ya estaba en su declive, que ya no era el verdadero Amancio, a mí me deslumbraban sus caracoleos. Porque él ya no se iba por velocidad, pero caracoleaba, levantando muchas veces las piernas por encima del balón, amagando con la cintura, y así vi cómo, en muchas ocasiones, dejaba al defensa atrás.

E insisto, ya no tenía evidentemente la velocidad que tuvo en su esplendor, en los años 60 y 70, cuando fue un futbolista que, como me dijo mi padre un día, en los tiempos actuales habría ganado tres Balones de Oro. Increíble lo que hacía con el balón en el área, cuando entraba con esos regates diabólicos; lo genio que era, la inteligencia que tenía, cómo definía… Mi padre me repetía que en los años 60 no había nadie como él y no tengo dudas de que hoy en día sería carne de *highlights* constantes. Me río de los *highlights* actuales. Con Amancio, habría habido cinco en cada jornada. Por eso el Madrid ganó siete Ligas seguidas con él en el equipo.

Llegó en el 62 desde el Deportivo de La Coruña. Llevaba varias temporadas destacando, después de superar un problema de joven: solía tener mucho flato cuando corría y, por lo que dicen, se debía a que bebía mucha gaseosa. Pero en su última temporada fue pichichi en segunda con 29 goles en 30 partidos y el equipo gallego acabó primero y ascendiendo. Ya le empezaban a llamar «El Brujo», por cómo manejaba el balón, y no pasó desapercibido para Bernabéu.

Diez millones y cuatro jugadores

Ficharlo no fue nada fácil. En la operación hubo que incluir a varios jugadores, porque el Deportivo pedía mucho dinero, ya que también lo quería el Barcelona. Pero Bernabéu, muy empeñado porque enseguida vio que era un jugador con magia, lo quería a toda costa. Ya empezaba a notar el declive de Di Stéfano y Puskas, y necesitaba a alguien que levantara al público de sus asientos, que sacara los pañuelos de los bolsillos.

Entonces, subieron la oferta económica, hasta diez millones de pesetas (ojo, hablamos de principios de los sesenta) y cuatro jugadores: Miche, Cebrián, el portero Betancourt y el más importante, Antonio Ruiz, a quien el Dépor quería a toda costa. Era un centrocampista defensivo que siempre se dejaba el alma en el campo. Bernabéu se negaba porque lo consideraba fundamental, pero el Deportivo insistió: sin Antonio Ruiz, no había fichaje.

Bernabéu, viendo que se iba a perder la negociación, se reunió con Antonio Ruiz. Le aseguró que sabía que era ADN del Real Madrid, todo pundonor, que se dejaba la vida en cada partido por este escudo... pero también que el club necesitaba a Amancio para volver a tomar impulso y solo era posible si Ruiz aceptaba marcharse. Antonio, que era un hombre de club, aunque sintió una daga en el corazón porque amaba al Madrid, aceptó. Lo vio como cuando te llaman al deber por la patria: sabes que vas a la guerra, pero es por tu país, así que le dijo a Bernabéu: «Todo lo que haga falta para ayudar al Real Madrid, ahí estaré». Y solo por eso se cerró el fichaje.

Antes de que debutara hubo una gira por África, pero, cuando le dieron la camiseta para su debut, vio que no tenía escudo: blanca, impoluta, pero sin escudo. Él llamó la atención sobre eso, pensando que era un error. Y, entonces, se le acercó Di Stéfano y le dijo: «Chaval, para llevar el escudo del Madrid en la camiseta primero hay que sudarla y ganárselo».

Lo aprendió y tuvo años maravillosos en el Madrid. Tanto que, en 1968, fue convocado para la selección mundial de la FIFA en un partido contra Brasil, para celebrar los diez años del primer Mundial ganado por los brasileños. Dos años antes, en 1966, había sido el gran héroe de la final de la Copa de Europa, marcando un golazo con una finta en carrera, un zigzag de los suyos; el otro gol lo marcó Serena, pero ese de Amancio lo entronizó, porque hizo lo que solo los grandes, como Di Stéfano, pueden hacer: ser decisivo en una final de la Copa de Europa.

No jugó cinco finales como Di Stéfano, pero ganó una Copa de Europa que nadie esperaba, la que no estaba en la agenda, porque el Madrid había ido perdiendo a sus figuras. La sensación que había era que la gran época del Madrid se había acabado y que pasarían muchos años antes de que el equipo volviera a ganar la Copa de Europa. Di Stéfano se fue en el 64 y Puskas seguía en el equipo pero había llegado a la meta. Amancio no se amilanó, tomó el relevo y dejó su huella. Con otros diez españoles sobre el terreno de juego. Eso no se lo quitó nadie a Amancio. Se echó el equipo a la espalda y entendió que era la figura del Madrid incluso cuando fueron apareciendo otros nombres como Pirri, Velázquez, Zoco, Grosso o Santillana.

Y eso que tuvo momentos muy duros por las lesiones. En un partido contra el Barcelona, Torres le dio una patada que lo reventó y lo dejó varios meses en el dique seco. Y luego hubo otra más triste, ya en los años 70, con un tal Fernández, en el Granada, en Los Cármenes; era un defensa paraguayo, muy duro, que se la tenía jurada porque dos años antes habían tenido una trifulca en un partido contra el Granada en el Bernabéu. Y Fernández era de esos que no olvidaban ni perdonaban. Hasta el extremo de que, al año siguiente, Amancio alegó molestias musculares para no ir a jugar a Granada. Pero no podía evitarlo siempre y se encontraron dos años después, esperando que ya, con el tiempo por medio, todo se hubiera olvidado. Pero no.

Fue una jugada típica de Amancio, una carrera vertical como siempre hacía, pero, esta vez, Fernández lo estaba esperando en la frontal del área. Y, cuando lo tuvo delante, levantó la pierna derecha con los tacos (los de aquella época, no los de ahora; de aluminio, que con solo mirarlos te rajaban) y se los plantó en el cuádriceps. Luego tiró la bota hacia abajo.

Un corte brutal, como si cogieras un cuchillo de carnicero y diseccionaras de arriba abajo. Una barbaridad. La raja fue de veintitantos centímetros, escandalosa. Todo el cuádriceps de Amancio quedó abierto, en canal. Los jugadores, al acercarse, se echaron las manos a la cabeza. Era una herida terrible, con sangre brotando a chorros. Una entrada «criminal»; quizá el término se inventó por esa patada. Fue una acción tremenda que dejó a Amancio fuera de la temporada. Tardó siete u ocho meses en recuperarse.

En una comida muchos años después, ya siendo un hombre mayor, tranquilo, sabio como buen gallego, me habló de aquella terrible lesión. Estábamos en un restaurante frente al Bernabéu, con Alfredo Relaño. Solíamos quedar cada cuatro o cinco meses para hablar de los viejos tiempos, sin ningún propósito más que disfrutar de su compañía. En los postres,

NUM. 22 • 19 OCTUBRE 1971 • 12 PESETAS

as color

SEMANARIO GRAFICO DEPORTIVO

MAGNIFICO, AMANCIO

En plena madurez de su carrera deportiva, Amancio fue el mejor en el Real-Atlético de Bilbao. Y marcó de esta forma el gol del triunfo para el conjunto blanco.—*Foto J. Gálvez*

Alfredo Relaño le propuso hacer un reportaje con Fernández, buscarlo en Granada y traerlo a Madrid, para sellar la paz entre ellos después de cuarenta y tantos años. Amancio, sorprendentemente, respondió que no, rotundo, sin matices ni posibilidad de convencerle. Me impresionó su firmeza, porque me di cuenta de que esa herida, no la física sino la del corazón, seguía abierta. Dijo, además, una frase que no olvidaré: «Alfredo, tienes que entenderlo. Él, adrede, quiso mermarme. Y me mermó». Esa palabra, «mermarme», la dijo con un peso enorme, refiriéndose a que Fernández le hizo daño intencionadamente y eso Amancio no lo pudo perdonar.

Un mal episodio como entrenador

En 1976, Amancio jugó su último partido como profesional; fue en la semifinal de la Copa de Europa contra el Bayern Múnich. En la ida, ocurrió lo del famoso *Loco del Bernabéu.*

Y en la vuelta, Amancio fue expulsado. Perdimos 2-0 y quedamos eliminados. Un desastre total. Fue una pena, porque ese fue el último recuerdo de Amancio como jugador y por lo que significó para el Real Madrid; no se merecía eso.

Después fue entrenador. Empezó en la cantera. Hasta que, en 1982, se hizo cargo de ese Castilla que enamoró a todos. En 1984 ganó la Liga de segunda con la Quinta del Buitre y por eso, a principios del siguiente curso, lo pusieron al frente del primer equipo. Iba todo más o menos bien, pero hubo una racha muy mala cerca del final de temporada. Muy mala. Pasaron varios partidos sin que viéramos puerta. Encajamos un 0-4 en un derbi contra el Atleti bajo una lluvia incesante, no lo olvido. Y hubo una derrota especialmente dolorosa, en las semifinales de la Copa de la UEFA, en Milán contra el Inter.

Esa noche fue complicada. Fue la famosa noche en que se filtró que algunos jugadores, tras el partido, estuvieron en una de las habitaciones, de fiesta y acompañados. Ahí estaban Juanito y Valdano. Y dice la leyenda que detrás de unas cortinas estaba Butragueño y que Amancio vio cómo le sobresalían los pies. Pero eso ya no sé si es una leyenda urbana. Lo que sí es seguro es que Juanito y Valdano nunca lo negaron.

Claro, el equipo había perdido y Amancio, que era un Clásico en su cultura madridista, no podía concebir algo así. Tuvo una bronca muy fuerte con los jugadores y la situación se volvió insostenible. En el vestuario, algunos le achacaban que no había sabido gestionar la confrontación y que había filtrado la noticia a la prensa. Era un vestuario roto, con desconfianzas y declaraciones fuera de lugar.

El club, con Luis de Carlos al frente, decidió destituirlo. Pusieron a Luis Molowny, el eterno «apagafuegos» del Madrid, que siempre cumplía cuando le llamaban. Tanto fue así que se remontó contra el Inter y el Madrid jugó la final y la ganó, a doble partido, contra el Videoton húngaro.

A Amancio le quedó un sabor amargo. Pero siguió ligado al Madrid. Murió siendo madridista hasta la médula, muy cercano a las peñas y sin perder la conexión con el club y los veteranos. En el año 2000 apoyó la candidatura de Florentino Pérez y, como Gento, se convirtió en un hombre de máxima confianza del nuevo presidente; una especie de asesor personal, sobre todo para temas futbolísticos.

Al presidente le encantaba esa sabiduría gallega que tanto le caracterizaba; por esa razón, Florentino le encargó liderar el Centenario del club. Y fue una tarea que sacó adelante con su experiencia y su conocimiento.

Pasados los años, Florentino decidió nombrarlo Presidente de Honor; fue después de la muerte de Paco Gento, en 2022, porque siempre quiso que ese puesto quedara en manos de alguien especial. Lamentablemente, una terrible enfermedad solo le permitió ejercer el cargo durante un año y 18 días. Sin embargo, dejó una imagen preciosa: en Saint-Denis, durante la final de la Champions, apareció con una gorra por los efectos de la quimioterapia; estaba en el anfiteatro de la *fan zone* madridista de París, cantando el himno del Madrid y animando a los aficionados. Fue el último legado de un genio.

Datos de Juan Gómez González, Juanito

Posición en el campo: Extremo.
Partidos oficiales con el Real Madrid: 401.
Goles marcados: 121.
Internacional con España: 34 veces.

Palmarés

2 Copas de la UEFA.
5 Ligas.
2 Copas de España.
1 Copa de la Liga.

JUANITO
Cómo no te voy a querer

Todos mis futbolistas seleccionados son estrellas, inolvidables para mí, pero Juanito está por encima del resto. Y sí, puede que sea irracional, pero en la vida, y en el fútbol sobre todo, Juanito puso todo lo que había que tener: pasión, sentimiento, escudo. Juanito era la representación de todo eso. Como no pude cumplir mi sueño de verle como entrenador del Real Madrid (estoy seguro de que habría sido un gran entrenador), en este libro me permito el lujo, como técnico ficticio que soy, de imaginarle como mi transmisor en el campo. Cuando yo quiera dar una instrucción a Ronaldo Nazario, a Zidane o incluso a Cristiano, le diré a Juanito que se lo comunique a ellos.

Fíjate la confianza que tengo en él, pero es que Juanito lo habría hecho todo bien y con máximo compromiso. Sin embargo, aquel accidente, ahí a la altura de Calzada de Oropesa, en la noche maldita del 2 de abril de 1992, nos lo arrebató para siempre. Yo mantengo —y su hijo Roberto seguro, si me lee, dirá que ojalá nunca hubiera pasado— que, para alcanzar la categoría de mito, por desgracia, hay que morir joven; como James Dean, que se convirtió en mito porque murió muy joven y con solo tres películas.

No hay derecho a la muerte de Juanito, que tanto había transmitido al madridismo; por eso le seguimos cantando en el minuto 7 en el Bernabéu, en todos los partidos. Aún en el año 2025 se le canta, lo que demuestra que será eterno, que lo que significa Juanito se transmite de padres a hijos. Mi hijo, que no lo vio, sabe perfectamente quién es. Estoy convencido de que, en las remontadas de la 14.ª y la 15.ª Champions, Juanito sobrevoló el Bernabéu, porque era el líder de las remontadas de los años 80, con ese espíritu indomable, irreductible, con una fe inquebrantable y con esa sensación de que, como él decía, «90 minuti en el Bernabéu son molto longo».

Lecciones desde El Plantío

Empezó en el Atlético. Jugaba allí porque vieron que ese chico de Fuengirola era muy bueno. Como era futbolista, aceptó ser parte del Atlético, pero nunca fue aficionado rojiblanco y, cuando sufrió aquella fractura de tibia y peroné, el club no tuvo paciencia, no le quiso esperar; lo cedió al Burgos y más tarde fue traspasado. Eso permitió ver en El Plantío, con el frío burgalés, a un jugador descomunal. Allí le pusieron el mote de «Supersónico Juanito» y pocas veces se ha clavado tanto un mote: en su *prime* tenía una velocidad descomunal. Lo voy a escribir, para que quede para siempre: tan rápido o más que Vinicius. Tenía también regate, pero muchas veces no le hacía falta porque dejaba a todos atrás.

Recuerdo especialmente un partido en el Calderón, en la temporada 76-77, cuando el Burgos ganó 0-3 al Atlético en una noche de diciembre. Lo que hizo Juanito esa noche no lo olvidaré jamás. Era como un anticipo de Maradona. Yo estaba con mi padre en el Calderón porque un vecino mío, Marcelino, era jardinero del estadio y a veces nos daba invitaciones; vale, no era el Madrid, pero así veíamos un partido de Primera, que el fútbol no se televisaba como ahora. Y Santiago Bernabéu, que siempre decía que le gustaban los futbolistas geniales, comprometidos, solidarios y peleones, le echó el ojo a Juanito.

Ya he contado en otro libro que el presidente del Burgos, Antonio Martínez Laredo, era muy madridista. Tan madridista que el Barça pagaba el doble o más y no se lo vendió. No me lo invento, me lo confesó él mismo en una comida. Se decía que el Barcelona llegó a poner 80 millones de las antiguas pesetas en la mesa; el Madrid pagó, al final, en torno a 30. Puede ser una exageración, pero el Barcelona soltaba el dinero con facilidad en aquella época, que fue cuando pagó 100 millones por Cruyff. En realidad, Juanito se fue al Madrid porque él quería jugar en el Madrid y el presidente del Burgos quería que Juanito jugara en el Madrid, con el que tenía buena relación.

Se puede decir que el último legado de Santiago Bernabéu, que tanto nos dejó, fueron Stielike y Juanito. Dos monstruos del fútbol.

Esa noche de Múnich

Estuvo diez años de blanco, aunque pudo haber estado mucho más. Fue la noche de Múnich la que lo fastidió todo. Su error no fue por sí mismo, fue por defender a un compañero, a Chendo, que había sufrido una durísima entrada de Matthäus. En lugar de ir al árbitro a protestar, Juanito se cegó y fue a por el futbolista alemán. Le pisó el cuello, le hizo daño, pero no fue muy en serio, porque, si lo hace de verdad, le agujerea la yugular. En ese minuto de ira, el árbitro, un escocés llamado Valentine, intentó apartar a Juanito. Y Juanito, a su vez, le apartó para seguir pisando. El agresor empujó a la autoridad. Lo nunca visto.

Luego, el hombre, en una entrevista en Televisión Española, pidió perdón, maldiciéndose a sí mismo, renegando de sí mismo y poco menos que pidiendo que el Madrid lo echara, ¡el amor de su vida! Pocos jugadores que cometen errores luego tienen esa gallardía y esa valentía para reconocer su error.

Ya le había pasado algo así en un partido con el Grasshopper, también de Copa de Europa. El árbitro permitió un gol un metro en fuera de juego y Juanito perdió la cabeza. Fue

un adelanto de lo que sucedería años después. El castigo de Múnich fue cinco años sin jugar en competiciones europeas, una condena. Era firmar su sentencia con el Madrid.

Eso fue lo malo, la cruz de un hombre lleno de cosas buenas. Recuerdo la remontada del día del Celtic, por ejemplo, el día de San José, el Día del Padre; con luz del día, porque se simultaneaba el partido con un Valencia-Barcelona de Recopa en Mestalla. El Madrid, que había perdido 2-0 en Glasgow, remontó 3-0 y la actuación de Juanito fue colosal, liderando el espíritu de la remontada. Cómo celebraba los goles, cómo lo vivía...

Qué decir de la noche del Borussia, esa noche brava, que he contado en el capítulo de Santillana. Empezamos ganando con dos goles de Valdano, a dos centros de Juanito como los que hace Modric, con el exterior, para que entrase las dos veces con la frente y pudiese rematar más fácilmente a gol. Dos genialidades. Ya hemos contado que el Madrid no ganó ese partido hasta el minuto 90. Y entonces, ahí, llegó el momento de Juanito.

Momento Juanito

En el descuento hubo un cambio. Se fue Juanito para que saliera Martín Vázquez en su lugar y el trayecto desde el centro del campo hasta la línea de banda, esos pocos metros, se han convertido en una escena icónica para los madridistas: Juanito pegando botes, puños en alto, dando saltos y celebrándolo como un hincha. Como estaba yo en la grada con mis amigos y mi padre, como estaban los 100 000 madridistas embriagados, felices, del Bernabéu. Todos pegábamos botes en la grada, todos soltábamos el puño en el aire. Juanito era nosotros, nosotros éramos Juanito, el hincha 100 001, pero con la suerte de que estaba de corto y jugando con el Real Madrid. Por eso a Juanito le perdonaremos siempre todos sus pecados.

Hay una anécdota inolvidable en el Camp Nou, cuando al Barcelona lo entrenaba Helenio Herrera. Antes de un Clásico, dijo que Juanito se marcaba solo y no hacía falta preocuparse por él. Schuster adelantó al Barcelona; siete minutos después empató Juanito y se fue al banquillo rival. No se pudo contener: se fue al mítico Helenio Herrera, un entrenador con años de fútbol y sabiduría, y le dijo que se fuera al asilo, por viejo.

Ese carácter indomable le costó un botellazo en el «pequeño Maracaná», en Belgrado, en ese partido de 1977 de España contra Yugoslavia, el que nos metió en el Mundial de Argentina tras dos seguidos sin ir. Harto de los insultos y de las patadas de los yugoslavos, no se le ocurrió otra cosa que, ante todos, ante la masa ebria (porque les habían dado tres días de fiesta a los yugoslavos), señalar con el pulgar hacia abajo. El botellazo que le tiraron, a él, que tenía una cabeza generosa, le dio de lleno. Y eso que era un campo con pista de atletismo. Juanito se quedó totalmente inconsciente al principio, como si le hubieran pegado un tiro; yo estaba en casa con mi padre, porque nos dieron la tarde libre en los colegios para poder ver el partido, y me puse a llorar pensando que lo habían matado. Luego se levantó y me tranquilicé.

Es que era un torero, pero no en sentido figurado. Es que le gustaba torear y, aun sabiendo que estaba prohibido por el reglamento del Real Madrid, lo hacía. Un día toreó una vaquilla (probablemente más, pero en esa le pillaron) y le cayeron 300 000 pesetas de multa. Le daba igual, porque a él le apasionaban los toros. Por eso, el día que se retiró del fútbol, en La Rosaleda, en el año 89, le cortó la coleta al maestro Curro Romero. Literalmente, como se hace con los toreros que se jubilan.

Es que era imposible no amarle. Y eso que algunas cosas no las entendíamos. Stielike, que era nuestro ídolo, se fue en el 85 por culpa de Mendoza, que no supo valorar lo grande que era; Juanito no había acabado bien con él. Y un año más tarde, en la Copa de la UEFA, el Real Madrid se enfrentó al Neuchatel, el equipo donde jugaba Stielike. Y Juanito, que no olvidaba viejas rencillas, pese a que sabía que había sido uno de los nuestros, le lanzó un escupitazo. Mal hecho, que no seré yo el que aplauda a mi Juanito; se equivocó, no hay duda. Pero me gusta repetir la frase de Jorge Valdano una vez más, gloriosa: «Todos los errores de Juanito se concentraron en un minuto». El resto es todo generosidad, todo bondad.

Un tío estupendo. Eso se ve en el epílogo con Matthäus, con quien se reconcilió en la redacción del *As*. Juanito le regaló un capote y en las fotos se ve a Matthäus sonriendo de oreja a oreja, porque el alemán entendió y percibió que Juanito era buena gente, que era un gran tipo; con sus locuras pasionales, pero un gran tipo.

Un recuerdo para toda la vida

No quiero dejar de hablar de Juanito sin recordar una noche que siempre llevaré conmigo, en Verona, cuando él era comentarista de Televisión Española, en el Mundial del 90 en Italia, y yo era un periodista que empezaba. Yo estaba hablando con Jiménez y Rafa Paz, que jugaban en el Sevilla y eran suplentísimos en aquella selección; por eso, quizá, no tenían problemas en hablar con los periodistas novatos como yo: casi se refugiaban en nosotros para un poco desahogar su tristeza por no jugar. Pero lo vi en la barra y fui a por él.

Me acerqué, me presenté y, lejos de mandarme a esparragar, porque estaba en la discoteca de noche, de fiesta, con lo guapas que son las italianas, se quedó conmigo. Estuvimos más de hora y media hablando de sus hazañas. Me invitó a un par de copas y se acabó la conversación ya diciéndome: «Niño, déjame ya, me cuentas goles míos que yo ni me acuerdo».

Disfruté como nada en el mundo. Nadie jamás me quitará esa hora y media con Juanito, mi gran ídolo.

Se acabó el Cádiz, que ganaba 2-0, cuando Di Stéfano hizo debutar al castillista (2-3)

Tras el descanso en Cádiz, con 2-0 en el marcador para los del Carranza, Di Stéfano volvió a optar por un hombre del Castilla, el goleador Emilio Butragueño. Y volvió a acertar, como ya lo hiciera en Murcia con Sanchis y Martín Vázquez. Porque el actual Pichichi de Segunda demostró lo que es un hombre-gol, eso que tanto precisaba el equipo madridista, e impulsó al cuadro blanco no sólo a la victoria, sino, también, a ese liderato que recupera, después de la derrota del Athletic de Bilbao en el Calderón, el pasado sábado.

● Al final, en dos minutos, Gallego y el «Buitre» dieron la vuelta al marcador

De los dos Atléticos, pudo más (1-0) el madrileño

Hugo sentenció al Bilbao

Más vibración y disputa que brillantez, en el partido televisivo del sábado en el Manzanares. Pugna entre atléticos y una jugada clave que resolvió Hugo Sánchez, con la polémica de una posible situación de fuera de juego. Pero el Atlético mostró más sentido ofensivo y su triunfo, importante para la tabla, fue tan justo como esa su aproximación a los puestos de arriba, donde pugnan cuatro equipos.

(Foto Jorge FERNANDEZ.)

Butragueño cambió al Madrid

● Y los blancos recuperan el liderato, tras la derrota del Bilbao en el Calderón

(Crónica de MARTIN SEMPRUN, enviado especial en Cádiz, en página 23. Foto Jorge FERNANDEZ)

Datos de Emilio Butragueño

Posición en el campo: Delantero.
Partidos oficiales con el Real Madrid: 463.
Goles marcados: 171.
Internacional con España: 69 veces.

Palmarés

2 Copas de la UEFA.
6 Ligas.
2 Copas de España.
1 Copa de la Liga.
4 Supercopas de España.
1 Copa Iberoamericana.

BUTRAGUEÑO
El don de parar el tiempo

Si a Juanito es a quien doy las instrucciones para que sea mi yo sobre el césped, Butragueño es mi debilidad. Sé que más de un día tendré que dejarle en el banquillo y, cuando pase eso, cada vez que mire para atrás y le vea, sentiré que estoy cometiendo una felonía. Es el delantero más genuino, diferente, original e increíble que han visto mis ojos, porque durante varios años hizo cosas que nadie había podido siquiera imitar. Un genio que tuvo la patente de ser el único jugador capaz de pararse en seco y obligar al defensa a pararse también, aunque este supiera lo que Butragueño iba a hacer y lo que, finalmente, iba a pasar. Cien mil personas contenían la respiración para ver cómo salía de la emboscada. El tiempo se había detenido y nadie se explicaba cómo.

En aquel entonces, en el fútbol nadie se paraba; no podías, porque, si lo hacías, te quitaban el balón. Pero el Buitre tenía esa frenada y ese «reprís» para arrancar en carrera, como los coches de Fórmula 1, de 0 a 100 kilómetros en dos segundos. Tenía ese latigazo que llegaba cuando nadie lo esperaba. El rival paraba, el balón se paraba, el estadio se paraba, el tiempo se paraba y, cuando todo estaba en calma y quieto, Butragueño arrancaba a toda mecha y el defensa quedaba atrás para siempre.

Además, tenía cara de niño, con pinta de no haber dicho nunca un taco, y, de hecho, es que no los decía ni los dice. Posiblemente sea el futbolista mejor hablado de la historia del fútbol, incapaz de decirle nada al rival, ni siquiera en caliente. Era extremadamente educado, gracias a la educación que le dieron sus padres: desde pequeño les ayudaba en la perfumería de la calle Narváez, en el centro de Madrid, y ahí aprendió que al cliente había que tratarlo con respeto. Eso lo llevó al campo, con el público, con los rivales, con los compañeros y con los árbitros.

Atípico desde el principio

Era tan atípico que, hasta los 18 años, ni siquiera sabía si podría vivir del fútbol. Jugaba al fútbol en el colegio Calasancio y, por supuesto, no era como otros que a los 13 o 14 años ya estaban en la cantera de un equipo grande. El fútbol de élite quedaba muy lejos para ese joven. Y cuando se acercó por primera vez, su conclusión fue que nunca jugaría en el Madrid, porque hizo una prueba y la respuesta fue «ya te llamaremos»; y, como suele ocurrir en estos casos, no le llamaron. Sin embargo, el Atleti sí que se interesó. Cuando su padre, un hombre cabal, sugirió aceptar la oferta, él, con esa pausa reflexiva que le caracterizaba, le dijo: «Papá, ¿cómo vamos a ir al Atleti? Si somos del Madrid». Cualquier otro habría pensado que lo lógico era aceptar la oferta del Atleti, pero no él. Él era así.

Por entonces, Juanito, un lateral destacado del Castilla, con un bigote característico, tenía un padre que era dueño de un restaurante por el que se movían muchos madridistas, y entre ambos ayudaron a que el Madrid reconsiderara su opinión sobre Emilio. Finalmente, fue Miguel Malbo, encargado de todo lo que pasaba en la Fábrica, quien movilizó a la directiva para que le hicieran una segunda prueba, convencido de que no se le podía dejar escapar. Esta vez, visto con mejores ojos, se quedó. Ahí empezó todo: el mito, la leyenda.

Era un delantero no muy físico, pero tan habilidoso que eso quedaba en segundo plano. Entre 1981 y 1984 disfrutamos del mejor Castilla de la historia, con una delantera inolvidable: Butragueño, De las Heras y Pardeza. Tres pequeños delanteros, pero cada cual mejor. No hacía falta un pánzer en ese equipo. Fue la temporada en la que el Castilla ganó la Liga en segunda de la que ya hemos hablado; el partido clave se jugó contra el Bilbao Athletic, filial del Athletic, en un Bernabéu lleno. 1-0 ganó el Real Madrid: gol de Butragueño.

Su debut, en Cádiz, fue de ensueño. Como alguien que tiene una boda soñada y no puede creérselo de lo bien que sale todo, de lo guapa que es su pareja; él tuvo un debut mejor de lo que podía haber imaginado, con los ojos abiertos, cualquier canterano del Real Madrid. Entró tras el descanso con el equipo perdiendo 2-0 y levantó el partido con dos goles y una actuación colosal. Juanito, que sabía que aquel niño le quitaría el puesto y el número 7, lo subió a hombros. Juanito, como hemos escrito, era un hincha madridista más y se entusiasmó con Butragueño, igual que nos entusiasmamos todos los aficionados.

El Cádiz estuvo muy presente en los principios de Butragueño, porque hay otro partido inolvidable contra el equipo andaluz, pero esta vez de Copa, en el que sucede la que, me parece, es la jugada icónica de este mítico futbolista. Fue un momento que tuvo lugar al final: metió un gol imposible, regateando a tres jugadores del Cádiz y, pegado a la línea de cal y sin ángulo, superó al portero gaditano. Ese gol mágico provocó una especie de éxtasis en los 20 000 que quedábamos en las gradas; hacía mucho frío, lloviznaba y, como era típico, los «señoritos» del Bernabéu ya se habían ido, pensando que no se iban a perder nada porque la eliminatoria estaba resuelta. Pero, cuando estaba la Quinta, y sobre todo cuando Butragueño estaba en el campo, siempre podías perderte algo único.

Me acuerdo de que mis amigos y yo, jóvenes y entusiasmados, entramos en una especie de estado paranoico y empezamos a dar caña a los que se habían ido. Los llamábamos «antimadridistas» y decíamos: «¿Cómo se puede uno ir de un partido estando Butragueño en el campo?». Los increpábamos diciéndoles que eran unos carcas sin fe. Con ese futbolista en el campo, nos creíamos capaces de todo y nos salía el coraje. Un lujo para el Madrid.

La noche del Anderlecht

Pero es que lo maravilloso podía llegar en cualquier momento. Aquel *hat-trick* contra el Anderlecht, con el estadio enloquecido, gritando su nombre, como un héroe. El Madrid había perdido 3-0 en Bélgica y necesitaba cuatro goles para pasar. Era un Madrid que iba mal en la Liga pero que ya tenía en la sangre las remontadas. Así, en el partido de vuelta hizo tres tantos muy rápido. El problema es que el Anderlecht marcó un gol, de Scifo. Por tanto, había que hacer otros dos. En un estado de excitación, locura e irrealidad, en el minuto 49, el Real Madrid llevaba seis tantos, uno más de los necesarios: tres del Buitre; el último, un cañonazo a la escuadra.

La gente pensaba que Butragueño, siendo tan poquita cosa, solo podía meter goles con toques sutiles, ajustados al palo. Pero no: él hacía de todo, incluso lo más inesperado. Ese día supuso un cambio radical en su carrera: no solo fue ya titular indiscutible por delante de Juanito (el Buitre no había jugado la ida), sino que se convirtió en el héroe de una generación irrepetible.

El otro hito fue la noche de Querétaro, en el Mundial de México, cuando metió cuatro goles a Dinamarca, una de las favoritas para ganar el Mundial que terminó conquistando Maradona. Esos cuatro goles (el partido terminó 5-1) llevaron a España a la calle por primera vez, para celebrar esa victoria en los octavos de final de un Mundial que parecía para nosotros. En Madrid, la gente acabó, espontáneamente, en la Cibeles, que se llenó de gente gritando: «Oa, oa, oa, Buitre a la Moncloa». Cuando la gente pregunta por qué los madridistas van a Cibeles, la respuesta está ahí. No fue por el Madrid, fue por la selección española, pero, como el reclamo era Butragueño, quedó como tradición. Emilio ya no era el héroe de una generación: era el héroe de España, la leyenda de un país.

Era un futbolista que provocaba admiración y respeto allí por donde pasaba. Por su fútbol, por su forma de ser y porque ese Madrid ganaba Ligas en España a lo grande. Recuerdo que le marcó un golazo a Arconada, un portero casi imbatible en esa época; desde un pico del área, lanzó un tiro arqueado, suave, que entró por la escuadra contraria. Hubo aplausos en Atocha, un lugar donde los pitos era lo mejor que podía recibir el equipo blanco.

Pero es que Butragueño era todo clase: formado —licenciado en Ciencias Económicas y Empresariales—, siempre correcto, siempre educado. Sabía elegir los momentos, incluso el de marcharse. Se fue muy joven, ni siquiera había cumplido 32 años. Pero en junio de 1995, con 31 años, nos dejó un recuerdo imborrable: el día de su homenaje, antes de irse al Atlético Celaya, en México.

Ese homenaje, que ya no se hace a las leyendas del club, fue algo especial. Aquel partido contra la Roma, en una noche de verano, con el campo lleno y la gente con la lágrima fácil, fue inolvidable. Tres asistencias de Butragueño, dos tantos de Hugo Sánchez y uno de Alkorta. Pero faltaba su gol. Y a los 10 minutos para el final, llegó un penalti. Él lo tiró.

Recuerdo la tensión que se vivió, como si fuera un partido decisivo de la Copa de Europa, como si nos fuera la vida en esa pena máxima. El portero de la Roma, de cuyo nombre no quiero acordarme, cometió la obscenidad de tirarse hacia el lado correcto y hasta de tocar la pelota. Por suerte, aunque mansamente, el balón entró. Fue un respiro enorme y cantamos el gol como si hubiéramos ganado la Copa de Europa que el Buitre no logró. Ese gol fue el broche dorado.

Cuando apagaron las luces y los jugadores lo levantaron en hombros, un foco del Bernabéu le iluminó. Fue una despedida maravillosa, como era él: tan correcto, tan único, tan símbolo. Por eso, cuando pasaron los años, Florentino decidió hacerlo director de Relaciones Institucionales en el Madrid. Y lleva ya muchos años en ese cargo, porque parece hecho para él. Solo puedo decir que era imposible encontrar un director de Relaciones Institucionales más brillante, alguien que hiciera mejor su trabajo, que representara mejor el escudo del Madrid, que diera mejor imagen en los actos de la fundación, en los eventos del club, en los partidos del equipo.

Sé que hay gente que pide más caña cuando, después de un partido perdido por alguna de las múltiples injusticias arbitrales, el Buitre sale a hablar, pero él no está ahí para eso y lo sabe. Él está para dignificar la historia del Real Madrid, esa historia que él mismo engrandeció durante once años.

Baloncesto: 4-0. Los Houston barrieron al los Magic en la final de la NBA

as

100 PTAS

VIERNES, 16 DE JUNIO DE 1995. NÚMERO 8.948. AÑO XXIX

Hoy, gratis, entrega de los "cromos redondos de oro" del Real Madrid

REAL MADRID HIERRO

REAL MADRID LAUDRUP

El Buitre dijo adiós...

Y voló

Emoción y nostalgia en la última exhibición de Butragueño

Datos de Raúl González Blanco

Posición en el campo: Delantero.
Partidos oficiales con el Real Madrid: 741.
Goles marcados: 323.
Internacional con España: 102 veces.

Palmarés

3 Champions Leagues.
2 Copas Intercontinentales.
1 Supercopa de Europa.
6 Ligas.
4 Supercopas de España.

RAÚL
Un capitán sin tacha

El 7, el eterno capitán, Raúl González Blanco, el niño de la Colonia Marconi que le arrebatamos a la cantera del Atleti, esa que Jesús Gil destrozó para ahorrarse un dinero sin saber que, en ese momento, estaba perdiendo la gran inversión de su vida. Porque lo que hizo fue dar alas blancas a uno de los jugadores más importantes en la historia del Real Madrid.

Dio alas a nuestro Raúl, el gran descubrimiento de Jorge Valdano. Raúl, el gran descubrimiento de sí mismo.

Porque Raúl supo hacerse a sí mismo, un futbolista que era un 10 en ambición y un 8 o un 9 en todo lo demás; y yo creo que algunos de los que decían eso intentaban despreciarlo pero no se daban cuenta de que, en realidad, era un gran elogio. Porque hasta el futbolista más excelso tiene una tara, un defecto, algo que limita su progresión como gran jugador. Y Raúl, en cambio, no bajaba del notable en ninguna asignatura: calidad técnica, zurda, remate, intuición ante el gol, inteligencia táctica, disciplina, liderazgo..., todo eso lo tenía con creces y con notas extraordinarias. Y hasta, sin ser un gran rematador de cabeza, metió buenos goles. Era un jugador que, como entrenador, tenías que poner sí o sí. No conozco a nadie que no lo hiciera. Bueno, quizá Luis Aragonés, pero eso fue más por cuestiones alejadas del fútbol en sí. Porque, por puro fútbol, a Raúl no lo podías dejar en el banquillo.

Yo estuve allí el día de su debut en Zaragoza, el 29 de octubre del 94. Lo he contado alguna vez, pero es que es verdad. Son esas cosas del destino. Iba con la que era mi novia de entonces y dos parejas de amigos de mi pueblo, Herencia. Íbamos a pasar el puente de Todos los Santos en Andorra. Ya teníamos todo cerrado, pero, como el día antes se supo que Raúl iba convocado y ya se decía que iba a ser titular, dejando en el banquillo nada menos que a Butragueño, nos paramos en Zaragoza. Conseguimos entradas, que no era tan complicado como ahora, y nos situamos justo en el córner donde, en el primer minuto de partido, le llegó el balón dentro del área. Cedrún, con sus dos metros, le salió al paso; Raúl lo regateó hacia la derecha, su perfil malo, y disparó. Parecía que iba a ser gol, pero el balón salió rozando el larguero. Mucha gente se llevó las manos a la cabeza, pero yo pensé: «Un tío de 17 años, en su debut con el Madrid, que en el primer minuto hace esto sin miedo... Este chaval va a ser la caña». Ese día no marcó, pero dio dos asistencias, las de los dos goles del Madrid.

Cuando se acercaba el derbi, el siguiente partido, Valdano dudaba si convocarlo. Entonces, Raúl le dijo: «¡Allá tú! Si quieres ganar el partido, convócame. Y si no, ya sabes lo que te espera». Tenía solo 17 años y Jorge no daba crédito. Esa osadía, esa chulería de barrio, de la Colonia Marconi, era maravillosa. Cumplió: llegó ese derbi y marcó el segundo gol del equipo por la escuadra, tras un pase de Laudrup. Había nacido una estrella.

Ganó la Liga 94-95 con Zamorano y Amavisca, formando una delantera impresionante. Esa fue la Liga de Valdano, quien, por fin, se la quitó al Dream Team, que había ganado los cuatro últimos títulos aunque de aquella manera. Raúl se convirtió en un referente y lo siguió siendo con Capello, en 1997, cuando se ganó otra Liga. Nada más y nada menos que contra el Barça de Ronaldo Nazario, el mejor Ronaldo que hemos visto nunca. En esa temporada también llegaron Suker y Mijatovic, que igualmente formarían con Raúl una delantera de ensueño.

La noche no le confundió

Pero empezó a surgir un runrún en la ciudad. Se decía que a Raúl se le veía en discotecas, que salía mucho. Hasta que un día, el 11 de marzo del 98, convocó una rueda de prensa en el hotel Emperatriz; lo hizo no para pedir perdón directamente, pero, entre comillas, se disculpó ante la afición. Reconoció que había rumores sobre su vida nocturna, pero aclaró que no hacía nada malo, que era un chaval normal y que amaba al Madrid por encima de todo. Además, para entonces ya había empezado a salir con Mamen Sanz, quien, sin duda, se convirtió en una persona clave en su vida. Como suele decirse, su novia, seria y familiar, «lo centró».

No es que Raúl estuviera descentrado, pero tenía los pecados propios de la juventud. Además, en esa época, si ibas a una discoteca, todo el mundo lo veía. No había reservados para disimular.

Aquel día, Raúl hizo borrón y cuenta nueva. Y, efectivamente, a los pocos meses, ganamos la Séptima. Esa fue su primera Copa de Europa. Pero fue en su segunda, en el 2000, cuando firmó su obra maestra como futbolista del Madrid: la final de Saint-Denis contra el Valencia. Marcó el tercer gol en un contragolpe que arrancó con el Valencia volcado, desesperado con el 2-0 en contra. Savio lanzó el balón desde casi el área del Madrid y, de repente, Raúl se vio solo, con campo por delante; fue un mano a mano de 50 metros: Raúl contra Cañizares, Raúl contra el mundo. Avanzó, avanzó, avanzó... Cañizares, que era su amigo personal, incluso de ir a cazar juntos, salió a cortarle. Pero Raúl, con un recorte a la derecha, como aquel que hizo en su debut, definió con el interior y el balón entró ajustado al palo. Un poco parecido al que tuvo Mbappé contra el Getafe, pero al francés se le marchó fuera.

Otro Balón de Oro desacreditado

El ritmo de Raúl no bajó y en el año 2001 era el gran favorito para llevarse el Balón de Oro. Lo merecía, no solo por sus impresionantes estadísticas, sino porque, además, tuvo actuaciones colosales. Sin embargo, el Balón de Oro se desacreditó una vez más. Y ya van varias. Se lo dieron a Owen. Todo porque metió un gol muy bonito a Argentina en un Mundial.

¿Y qué?, en serio, ¿y qué? La temporada de Raúl ese año merecía el Balón de Oro, sin discusión. Yo pregunté y me contestaron que, como Raúl no era mediático ni quería serlo, le había perjudicado. Owen había hecho una campaña de *marketing* brutal y Raúl, en cambio, no quería dar entrevistas porque decía que lo distraían y que no iba con él. En fin, que siempre será un Balón de Oro que los madridistas le asignaremos, aunque él no lo tenga físicamente, porque se lo merecía.

Luego llegó la Novena, en 2002, y Zidane fue decisivo con su gol histórico. Pero, antes, el primer gol de esa final fue peculiar: Roberto Carlos sacó de banda con un envío de 50 metros, el balón fue al área y Raúl, con un toque mordido, batió al portero del Bayer. Este no pudo hacer nada, solo agachar la cabeza mientras la pelota se colaba mansamente.

Tres finales, tres títulos y marcando en la Octava y en la Novena. Y, seamos claros: los que marcan en las finales de la Copa de Europa son los grandes. Lo demás son tonterías.

Es que hay muchas fotos de goles de Raúl. El Aguanís fue una de los mejores; ocurrió el 1 de diciembre del 98, en Tokio, en la final de la Copa Intercontinental. Un pase largo, al espacio, que Raúl controló con la izquierda y, cuando le llegó el defensa del Vasco da Gama, le pegó un recorte en seco brutal, tirándose la pelota a la derecha, aunque no fuera su pierna buena. Pero no se quedó ahí. Le hizo un segundo recorte al siguiente defensa que venía a tapar el disparo y, luego, se la clavó al portero. Un gol increíble, maradoniano. Era un engaño casi taurino. Y como a Raúl le encantaban los toros, además de la caza y el fútbol, pues todo encajaba. También le metió un póker al Valladolid, con un gol incluso de tacón.

Raúl manda callar

Son imágenes inolvidables, pero hay una por encima de todas: la del Camp Nou, mandando callar a la grada culé.

Lo curioso es que, con ese punto de juego limpio que tenía, luego dijo que se arrepentía de ese gesto. Pero yo siempre pensé: «No, Raúl, no te arrepientas. No pidas perdón. Esa foto está en todas las peñas de España, mandando callar al Camp Nou». Aquel día fue un robo histórico de Díaz Vega, porque en la primera parte hubo un remate que iba para dentro y Sergi Barjuán, con la mano, hizo una parada de portero. Penalti y expulsión clarísimos, pero Díaz Vega hizo la vista gorda.

Fue tan evidente que, en el descanso, Van Gaal quitó a Sergi, porque sabía que lo podían expulsar en la segunda parte por cualquier cosa. Fue un partido muy tenso; por eso Raúl, cuando metió el segundo gol, a falta de diez minutos, los mandó callar a todos.

Es verdad que sus últimos años fueron más complicados. Y, aunque perdió un poco de velocidad, aguantó hasta la temporada 2009-2010 con la llegada de Cristiano Ronaldo y Benzema. Higuaín y Van Nistelrooy también estaban. No es que tuviera competencia, es que había demasiados delanteros. Aun así, jugó bastantes partidos con Pellegrini.

Y llegó un momento que para mí fue tan doloroso como maravilloso: su último partido con el Madrid, sin él saberlo, en La Romareda, en febrero. Sufrió una lesión brutal antes del descanso. Sabía que era grave, pero aguantó cojo el inicio de la segunda parte. Y, cuando el Madrid perdía 1-0, metió el *gol del cojo*; estaba donde siempre, en el área pequeña, para rematar un balón perdido. Luego, estuvo cuatro meses sin volver a tocar un balón. Ya había terminado su etapa en el Madrid.

Es curioso, porque fue La Romareda el estadio donde empezó a construir su leyenda y donde escribió su última página con el Real Madrid. Es una metáfora del destino preciosa.

Después escenificó su marcha del Madrid con un acto muy bonito en el Bernabéu, rodeado de sus trofeos, aunque el club cometió un error estratégico con la organización del evento. Era julio, hacía un calor de morirse, y el acto lo pusieron a la 13:00. Como ya he contado, a mí, como buen raulista, se me ocurrió poner en el *As*, inventándomelo, que el evento era de puertas abiertas; pero no, el acto era a puerta cerrada. Se agolparon unas mil personas afuera, que empezaron a aporrear las puertas para entrar. Yo estaba allí y Valdano se me acercó: «Pero ¿qué has hecho? ¿Estás loco? ¿Cómo pones eso? Esto era a puerta cerrada y ahora tenemos a mil personas ahí fuera». Y yo le respondí: «Pues que entren; es una leyenda, solo faltaría». Y efectivamente, dejaron entrar a la gente. Se colocaron en el fondo sur, en un córner, y eso permitió que, cuando acabó el acto institucional, Raúl bajara al césped y pudiera despedirse de su afición. Fue algo precioso e inolvidable. Yo estaba en la línea de banda y, al pasar delante de mí, le vi llorar. Ver llorar a Raúl no es fácil.

Le había comprado una camiseta suya, que me costó una pasta porque las letras salían a cinco euros por cada una. Le había puesto: «Raúl, hasta siempre, capitán». Me la firmó y esa camiseta está ahora expuesta en el bar de Toñín el Torero, dentro de un marco de cristal, en su rincón de Entrevías.

El respeto de Mourinho

Raúl se fue al Schalke y en dos años se convirtió en leyenda allí también. Repitió semifinales de Champions y peleó por la Bundesliga. Raúl todavía tenía fuego en las botas, pero era difícil con todo lo que había en ese momento en el Madrid. Mourinho (sí, Mourinho), que sabía lo que Raúl representaba, le preguntó: «Capitán, ¿quieres seguir?». Raúl, sin embargo, ya tenía la decisión tomada: «No, me voy al Schalke». Después, también estuvo en Catar.

Por lo menos, tuvo su oportunidad de despedirse de verdad en su santuario del Bernabéu. Fue el día de su inolvidable homenaje, en un partido contra Al-Sadd, su último equipo. Me acuerdo como si fuera ayer. Salió a calentar antes de empezar el partido y de repente le vi corriendo junto a Cristiano Ronaldo. Iba a jugar con él, juntos los dos, con la camiseta del Real Madrid. Y yo, que estaba allí, con mi mujer y mi hijo, me puse a llorar. Mi hijo me preguntó: «Papá, ¿por qué lloras, si el partido ni siquiera ha empezado?». Le respondí: «Porque creo que esto nunca lo voy a volver a ver: a mi Raúl González Blanco vistiendo la camiseta del Madrid».

Y metió un gol, claro. Eterno capitán.

Datos de Pedja Mijatovic

Posición en el campo: Delantero.
Partidos oficiales con el Real Madrid: 118.
Goles marcados: 36.
Internacional con Yugoslavia: 65 veces.

Palmarés

1 Champions League.
1 Copa Intercontinental.
1 Liga.
1 Supercopa de España.

PEDJA MIJATOVIC
El hombre que cambió la historia moderna del Madrid

El hombre que cambió definitivamente la historia del Real Madrid. El hombre que metió no el gol de su vida, sino el gol de nuestras blancas vidas. El hombre que nos llevó de forma maravillosa a esa era «en color» que los madridistas de mi generación creíamos vedada y vetada por esas famosas seis Copas de Europa en blanco y negro que mencionaban nuestros padres. Aunque todas se jugaron en riguroso color, nos hacía sentir que éramos parte de una historia maravillosa pero en la que nosotros no habíamos tenido ojos: solo la memoria de lo que te contaban en comidas, cenas de Navidad y reuniones con los veteranos.

Sí, después de 32 años, el Madrid ganó por fin la Séptima, la deseada Séptima, gracias a un montenegrino llamado Pedja y apellidado Mijatovic. Un futbolista que, ya en el Valencia, hizo historia con temporadas maravillosas, hasta convertirse en uno de los mejores jugadores del mundo.

El Madrid lo fichó de manera extraordinaria. El Barça también lo quería, pero no podía pagar lo que pedía, un dinero que Gaspart calificó como excesivo, diciendo que no era Cruyff y que no podían pagar tanto. Y ahí se metió el Madrid. Ignacio Silva, vicepresidente del club, apareció en el chalé de Mijatovic en Valencia, enviado como emisario. Pedja no las tenía todas consigo, no sabía si fiarse, hasta que vio llegar a Ignacio Silva en un cochazo deportivo. Silva, muy joven y con porte impecable, le pasó el teléfono y al otro lado estaba Lorenzo Sanz. Fue entonces cuando Mijatovic entendió que no era una broma: el Madrid iba a ficharlo y cerraron el acuerdo en ese mismo instante.

Al Barça le pasó como con Di Stéfano: no quiso igualar la oferta y el Madrid se lo llevó para empezar esa temporada junto con Suker, Seedorf, Roberto Carlos y otros *cracks* que Lorenzo Sanz reunió aquel verano de 1996.

«O ME CURAS O...»

Mijatovic tuvo dos momentos cumbre como madridista. El primero, un partido en diciembre contra el Barcelona, un 2-0 en el Bernabéu lleno a reventar; su hijo Andrea estaba muy enfermo y, aunque Pedja no había dormido en días, marcó un gol. Todo el estadio lloró con él y sus compañeros lo abrazaron; ese día se ganó el corazón de los madridistas. El segundo momento, por supuesto, fue en la final de la Séptima.

Un día antes del partido sufrió un tirón muscular. No lo confesó a Heynckes porque temía que no le dejara jugar. Solo Pedro Chueca, preparador físico, sabía la verdad; en el hotel, el futbolista le dijo: «Soy balcánico; como no me cures, te mato». No sabemos qué hizo exactamente, pero lo preparó lo suficiente para que aguantara el dolor.

En el minuto 67 de la final, tras un rechace de Montero a Roberto Carlos, Mijatovic marcó el gol decisivo. Regateó a Peruzzi y anotó con la izquierda a puerta vacía. Luego corrió a abrazar a Fernando Sanz, quien el día anterior le había profetizado: «Tranquilo, mañana marcarás el gol de la Séptima».

Ese gol no solo nos dio el título; también cerró la historia de una sequía de 32 años y convirtió a Mijatovic en leyenda. La Séptima nos devolvió la grandeza que parecía un sueño de otros tiempos.

Lo curioso es que Pedja se había plantado en la final sin meter un gol. Imagina, querido lector, que el Madrid llega a la final de la Champions sin que Mbappé marque un tanto. Increíble, ¿no? Pues así fue con Mijatovic en la Séptima. Pero, cosas del destino, tenía reservado el mejor gol de todos: el que cambió nuestra historia para siempre.

Años después, tuve una charla con él porque somos muy amigos y le tengo muchísimo cariño. En esa conversación, me contó una historia de su vida que es para alucinar; la he relatado en otro libro. De niño, en su pueblo de Montenegro (Podgorica), había una tradición muy peculiar: si nacía un hijo varón, era motivo de celebración, como si fuera el nacimiento de un futuro guerrero; tiraban cohetes, organizaban barbacoas, todo el pueblo lo festejaba. Pero, si nacía una niña, la cosa era distinta: discreción total, nada de celebraciones. Antes de nacer Pedja, su madre había tenido dos niñas. Cuando se quedó embarazada por tercera vez, su padre, pensando que sería otra niña, le dijo que abortara. Hasta tenía un amigo ginecólogo que podía encargarse del tema. Su razonamiento era que una tercera hija sería una vergüenza para la familia, algo insoportable para su orgullo. La madre aceptó o, al menos, eso le hizo creer. Fue al médico, pero, en lugar de abortar, lo convenció para que le ayudara a seguir adelante con el embarazo; le pidió, eso sí, que no dijera nada a su marido. A base de disimulos, ropa suelta y una buena estrategia, consiguió ocultar el embarazo hasta que ya era demasiado evidente para negarlo. Cuando el padre se dio cuenta, no había vuelta atrás; aunque se enfadó muchísimo, tuvo que aceptar la situación. Y al final, cuando nació Mijatovic, la alegría fue doble. El padre, que no esperaba un varón, lo celebró como si hubiera ganado la lotería de Navidad.

Cuando Mijatovic me contó esta historia, yo, en tono de broma, le dije: «Menos mal que tu madre no abortó, porque si no, no habríamos ganado la Séptima». Él, entre risas y con su ironía habitual, me contestó algo como: «Claro, lo único que te importa es la Séptima, no que yo exista, tenga hijos o una vida...».

Contra Toshack

Después, en el Real Madrid, las cosas no salieron igual. Se hablaba de «la Quinta de los Ferrari» y a él, siempre elegante y con gomina, le echaban la culpa de todo. Con Hiddink en el banquillo, la temporada fue floja, pero no se puede olvidar el legado.

Y llegó Toshack con su estilo rígido y, poco a poco, se fue apagando la etapa de Mijatovic en el club. Toshack era un arrogante; el primer día que llegó, delante de todo el vestuario, poco menos que insultó a los jugadores. Les dijo que eran unos vagos, que no estaban a la altura del escudo del Madrid y que, si fuera por él, ya habría echado a la mitad. Añadió que no había venido a hacer la pelota a nadie y que la Séptima ya ni la recordaba. Según él, lo único que importaba era dejarse el alma por el Madrid. Su tono fue tan despectivo que en el vestuario se hizo un silencio increíble. Mijatovic fue el único que lo rompió; le respondió con firmeza: «No le admito que trate así ni a mí ni a mis compañeros. Respete a estos jugadores, que han ganado la primera Copa de Europa en 32 años, y a unos profesionales que, por supuesto, han logrado bastante más de lo que usted ha conseguido».

Evidentemente, aquello no le salió gratis. Toshack lo puso enseguida en la lista negra y le planteó a Lorenzo Sanz un ultimátum: «O él o yo». A Mijatovic le pudo su orgullo balcánico, su carácter montenegrino, y se fue a la Fiorentina. Pero, apenas cuatro días después de empezar a entrenar en Florencia, confesó a su círculo cercano: «¿Qué coño he hecho? Echo de menos cada día el Bernabéu, echo de menos al gran Madrid. ¿Cómo he podido venirme aquí?». Aunque la Fiorentina era un club con historia, no podía compararse con el Madrid. El estadio le parecía diminuto; la ciudad, un pueblo grande; y los rivales no tenían el nivel del Real Madrid.

Al final, entendió que había cometido un error. Toshack no merecía semejante sacrificio. Acabó en el Levante, un equipo con historia, donde también jugó Cruyff y más cerca

Teka
Teka

de Valencia, donde podía estar cerca de su hijo. Allí cerró su carrera como futbolista con dignidad, escribiendo su última página en el fútbol profesional, un capítulo cargado de simbolismo. Pero, para los madridistas, siempre será el héroe de la Séptima, un icono eterno.

Tan buen director deportivo como futbolista

Más tarde, tuvo una etapa como director deportivo del Madrid, trabajando con Ramón Calderón. En su segundo año, tuvo que cambiar 14 jugadores, un desafío titánico que logró superar. Y no solo eso: el equipo ganó dos Ligas consecutivas, algo que no hemos vuelto a lograr. El segundo año fue especialmente memorable, con el famoso pasillo del Barça y una diferencia de 18 puntos. Inolvidable.

Mijatovic también dejó su huella en los fichajes. Por solo cinco millones de euros trajo a Marcelo, el mejor lateral izquierdo del Madrid desde Roberto Carlos. También fichó a Higuaín, quien marcó más de 100 goles para el club, y a jugadores como Robben o Van Nistelrooy.

Su ojo futbolístico quedó demostrado y consolidó su legado en la historia del Madrid. Porque, con su gol, empezó todo de nuevo en Europa. La segunda gran era dorada del Real Madrid arrancó con ese gol icónico de Pedja Mijatovic.

Datos de Hugo Sánchez

Posición en el campo: Delantero.
Partidos oficiales con el Real Madrid: 282.
Goles marcados: 208.
Internacional con México: 75 veces.

Palmarés

1 Copa de la UEFA.
5 Ligas.
1 Copa de España.
3 Supercopas de España.

HUGO SÁNCHEZ
El señor gol

Hugo «Tequila» Sánchez, como lo apodó el entrañable Héctor del Mar, fue un goleador de época, único; un delantero centro puro, de los que ya no se encuentran. El único jugador en la historia del fútbol capaz de ganar un Pichichi marcando 38 goles a un solo toque: lo hizo en la temporada 1989-90 y, por más vueltas que le doy, me sigue pareciendo increíble. Pensar que en esos 38 goles no realizó ni un solo control previo, que todos fueron remates directos a puerta, me resulta tan admirable como asombroso. Por eso me gustaba tanto cómo era Hugo Sánchez.

Llegó al Bernabéu ya bendecido, aunque provenía del Atlético de Madrid. Los libros de historia no lo cuentan así; ellos dicen que vino del Pumas. Pero lo cierto es que fue una jugada redonda y maestra de Ramón Mendoza. Vio que aquel chico que ya destacaba en el Atlético, que incluso había ganado el Pichichi con ellos, tenía un futuro brillante. Por eso negoció con Vicente Calderón, quien, presionado por los problemas financieros del Atlético, accedió a venderlo a su gran enemigo deportivo. El Real Madrid pagó 240 millones de pesetas al Pumas, que luego se los transfirió al Atlético para, teóricamente, fichar al delantero. Más tarde, el Pumas cedió a Hugo al Real Madrid. Supongo que el equipo mexicano cobraría alguna comisión por los servicios prestados. Toda la operación se cerró en 48 horas, sin simulaciones ni demoras.

Fue una jugada maestra del Real Madrid y don Vicente Calderón la justificó diciendo que el Atlético había vendido a Hugo al Pumas y no directamente al Madrid. Irónicamente, años después, Hugo entrenaría al Pumas y ganaría con él un Trofeo Bernabéu, venciendo al Madrid de Camacho (0-1).

Antes de fichar, Hugo había jugado y ganado la final de la Copa del Rey en el Bernabéu, un Atlético de Madrid- Athletic, que acabó 2-1 con dos goles suyos. Recuerdo que fui con mi amigo Quique por, como ya he contado alguna vez, una apuesta que hicimos; me dijo que algún día debía animar al Atlético y elegí ese partido porque ya sabía que Hugo ficharía por el Madrid y no me sentía mal animándole. En el Bernabéu, los dos goles de Hugo provocaron que toda la afición del Atlético gritara: «¡Hugo, Hugo!». Yo también lo gritaba, por supuesto, porque era como un aperitivo de lo que viviría los años siguientes de manera gloriosa. Ellos no lo sabían, pero Hugo y yo éramos como un caballo de Troya.

Un pícaro en el área

Hugo llegó al Madrid bajo palio, como parte de un tridente histórico de fichajes realizados por Ramón Mendoza: Hugo Sánchez, Maceda y Gordillo. Tres incorporaciones que cambiaron el fútbol español. Maceda era el gran central español de la época, contrastado y brillante; y Gordillo, por su parte, era un torbellino en la banda izquierda, una joya con un guante en el pie. Los tres fichajes marcaron una era dorada para el Real Madrid, especialmente en la Liga. Fue una época de dominio que no se ha vuelto a producir. Hugo dejó huella desde el primer momento: en el primer partido de la Liga contra el Betis, marcó un gol y luego fue expulsado, mostrando desde el principio su fuerte carácter.

Su personalidad, que podía parecer conflictiva, era, en realidad, reflejo de su competitividad. Un ejemplo fue el famoso incidente en El Molinón, cuando Ablanedo fue expulsado tras un enfrentamiento con él. Según se dijo, el portero del Sporting de Gijón reaccionó con una patada porque Hugo Sánchez le había pegado un pisotón antes y le dijo algo que le sacó de sus casillas.

Es que hacía todo lo necesario para que su equipo ganara: era pícaro, inteligente, vivo. Aunque a veces pudiera parecer provocador, no lo hacía por enemistad personal, sino para desestabilizar al rival y sacar ventaja. Esa mentalidad ganadora le convirtió en un delantero único y en una leyenda del fútbol.

Hugo aprendió a sobrevivir junto a la revolución que fue la Quinta del Buitre, lo cual no era nada fácil, no lo olvidemos. La Quinta del Buitre, especialmente con la figura de Butragueño, era emblemática y socialmente trascendió mucho más allá del fútbol; fueron un fenómeno social de una España que necesitaba modelos como ellos. Y, de pronto, apareció esa, entre comillas, Quinta de los Machos, con Hugo Sánchez junto con Buyo, Maceda y Gordillo. Siempre tuve la sensación de que Hugo y compañía querían decir algo como «Oye, los de la Quinta del Buitre son muy buenos, pero aquí estamos nosotros, tipos con coraje, con orgullo, que hemos venido también a dejar nuestra marca en este superproyecto».

Hugo hizo pareja de baile con Butragueño y se complementaron perfectamente. Butragueño era la magia, el arte, el regate, la finta, el amago; Hugo, por su parte, era la definición hecha oficio, así que no se pisaban los terrenos. Además, Hugo tenía dos abastecedores de lujo: por la derecha, Míchel, y por la izquierda, Gordillo. Tener a dos pasadores como ellos era un auténtico lujo. No quiero ni imaginarme a Haaland con Míchel y Gordillo en las bandas dándole balones. ¡Metería 70 goles por temporada!

Hugo no se quedaba atrás: facturaba con una facilidad pasmosa. Tenía una capacidad de remate al primer toque que era alucinante. Recuerdo, por ejemplo, un gol en Las Gaunas, en Logroño, con el pecho. Fue un pase de Míchel al segundo palo: el balón venía a la cabeza, pero un poco bajo; entonces, Hugo, con esa calidad y esa inteligencia que tenía, dio un paso atrás, sacó su plan de macho mexicano, puso el pecho y mandó el balón directo a la portería. Por supuesto, lo celebró con su famosa voltereta.

Una temporada de oro

Las volteretas fueron la marca de la casa, una celebración que ha quedado en la memoria porque la hizo muchas veces, ya que su promedio goleador era brutal, de los más altos registrados en el Real Madrid (solo Cristiano, Di Stéfano y Puskas le superan).

Ganó cinco Ligas, varios Pichichis y, sobre todo, la Bota de Oro de la temporada 1989-90, culminada con un *hat-trick* al Oviedo. Curiosamente, tuvo que compartirla con Stoichkov, pero siempre hubo cierta sospecha de que, en el CSKA de Sofía, en aquella época en que Bulgaria era aún un país cerrado, engordaron algún gol de Stoichkov. En cualquier caso, Hugo terminó esa temporada con 38 goles, igualando el récord histórico de Telmo Zarra. Fue una campaña redonda, en la que se consagró definitivamente. Y eso que años antes había amagado con irse, pero creo que fue más una estrategia suya, porque su sueño siempre fue jugar en el Madrid y lo consiguió. En México, millones de seguidores vivieron sus éxitos con el Madrid, pero en algún momento, cuando mejoraron los contratos de Míchel, Butragueño y Sanchís, Hugo se sintió algo maltratado; hizo un amago de marcharse al Inter, justo antes de un partido contra el Estrella Roja en la Copa de Europa, pero el Madrid reaccionó y mejoró su contrato. Al final se quedó, como debía ser, y siguió ganando títulos de blanco.

A pesar de todo lo que consiguió, a Hugo le faltó ganar la Copa de Europa, como a casi todos de esa generación. Fue protagonista en grandes momentos europeos, como su asistencia a Butragueño en aquel partido en Nápoles o su golazo contra el Bayern Múnich, en Alemania, con una falta desde la esquina del área y desde un ángulo imposible, que devolvió al Madrid a la eliminatoria. Además, transformaba los penaltis como un arte: un golpe seco y potente con la izquierda, pura precisión.

Fue una pena la Copa de Europa, porque aquella del PSV debía haber sido suya. En ese partido terrible, con ese empate a cero que fue una auténtica pesadilla, Hugo y Míchel fueron los que más se enfadaron con el árbitro, el suizo Bruno Galler, por no descontar ni un segundo, a pesar de todo el tiempo que se había perdido. Siempre quedó ese dolor en su corazón porque sentía que merecían esa Copa de Europa. Pero, para los madridistas de mi generación, dejó el recuerdo imborrable de lo que significa ser un goleador insaciable. Era un fanático del gol, un jugador con ambición desde que se levantaba hasta que se acostaba.

Una chilena para la historia

Su obra maestra fue «la madre de todos los goles»: la chilena perfecta contra el Logroñés en el Bernabéu. Una tarde soleada, Martín Vázquez centró al área, el balón se quedó un poco atrás y Hugo, con una elasticidad asombrosa, se elevó y ejecutó una chilena perfecta. El balón entró por la escuadra. Estaba en el estadio con mis amigos y mi padre y, en vez de celebrarlo, lo único que se escuchó, lo único que dijimos, fue: «¡Ohhh!». No era solo un gol, era «el gol». Esa chilena perfecta marcó un antes y un después. Solo se le acercan la de Cristiano en Turín o la de Bale en Kiev, pero aquella de Hugo fue, para nosotros, el mejor gol que habíamos visto en nuestras vidas.

Un día, Hugo, con quien tengo una buena amistad y a quien guardo mucho aprecio, me reveló algo curioso. Me pidió que leyese Logroñés al revés. Lo hice: «señorgol». Estaba predestinado a que aquella chilena, su gol inolvidable, fuera contra los riojanos. Tenía que pasar a la historia y no podía ser contra un rival cualquiera.

El propio Hugo, después de marcar ese tanto, confesó que casi le dieron ganas de dejar el fútbol. Decía que había puesto el listón demasiado alto, que era imposible de superar. Algo similar le pasó a Zidane con su golazo en Glasgow: cuando haces una obra maestra de ese calibre, ¿cómo lo vas a superar?

Muchos le llamaban «Ego Sánchez», pero yo no creo que fuera así. Era alguien que, como Cristiano Ronaldo, nació para ser el mejor y luchaba cada día por conseguirlo. Venía de una familia de deportistas —por ejemplo, su hermana era gimnasta— y él fue adiestrado y educado para ser el número uno.

Más tarde, Hugo se casó en segundas nupcias con Isabel, una española guapísima, con quien formó una segunda familia maravillosa. Siguió muy ligado a España y al Real Madrid. Aunque algunos dicen que su etapa como entrenador ya pasó, él sueña con dirigir al Madrid. Y, sinceramente, a mí no me importaría que un día lo fuera. Es difícil encontrar a alguien con tanto orgullo madridista como él. Los madridistas de siempre, si queremos goles por la vía rápida y al primer toque, sabemos bien a quién hay que convocar: a Hugo Sánchez Márquez, el *killer* con acento mexicano.

Datos de Ronaldo Nazario

Posición en el campo: Delantero.
Partidos oficiales con el Real Madrid: 177.
Goles marcados: 104.
Internacional con Brasil: 105 veces.

Palmarés

1 Copa Intercontinental.
2 Ligas.
1 Supercopas de España.
2 Mundiales con la selección brasileña.
2 Copas América con la selección brasileña.

RONALDO NAZARIO
Si no fuera por las lesiones

¿Y cómo no íbamos a tener en nuestra plantilla, para ganar todos los títulos del año, a un futbolista como Ronaldo Nazario? Un jugador deslumbrante. Este sí que fue mágico. Seguramente, si no hubiera sido por sus terribles lesiones, habría sido el mejor delantero centro de la historia. Sin ninguna duda, y que nadie se me ofenda, pero sin lesiones, nadie habría sido como Ronaldo Nazario. Y aun así dejó huella, a pesar de haber sufrido nada menos que dos roturas del tendón rotuliano de la rodilla, una de las peores lesiones que puede sufrir un futbolista.

Ronaldo Nazario salió de Brasil siendo prácticamente un niño, dejando ya su impronta con un saco de goles en el Cruzeiro. Con 17 años lo fichó el PSV Eindhoven y empezó a marcar una cantidad brutal de goles. Fue pichichi en Holanda anotando casi un gol por partido.

Más tarde, el Barça se interesó en él y, durante el verano de 1996, lo fichó, en lo que fue la segunda transferencia más cara de la historia del fútbol hasta entonces. Creo recordar que costó 2500 millones de las antiguas pesetas. El mismo verano en que el Madrid contrató a Capello, Suker, Mijatovic, Seedorf y Roberto Carlos. En su primer partido oficial con el Barça, en la Supercopa de España contra el Atlético de Madrid, Ronaldo ya dio muestra de su magia: le hizo una elástica a Geli en uno de los goles, un regate en seco y el balón pegado al pie. Yo recuerdo que mis amigos y yo, todos del Madrid, nos preguntábamos: «¿Este quién es? ¿De dónde ha salido este tío? ¡Pero cómo puede hacer eso!». Era un espectáculo, no lo voy a negar.

Ese año vi varios partidos del Barça, a escondidas, solo para verle jugar. Era increíble: qué velocidad en carrera, qué facilidad para regatear en espacios reducidos, qué potencia al pisar el área. Jorge Valdano dijo una vez que, cuando Ronaldo entraba al área, era como una manada de bisontes. Y claro, ¿cómo paras una manada de bisontes? Era imposible.

Abría las aguas del mar

Ese año marcó dos goles que dejaron a todos boquiabiertos, uno al Valencia y otro al Compostela. En ambos casos parecía que los defensas eran transparentes, como si las aguas del mar Rojo se abrieran para él. Surcaba entre los defensas y la enchufaba sin piedad.

Sin embargo, ese Barça no ganó la Liga. El Real Madrid de Capello hizo el milagro, en parte porque Ronaldo se perdió las últimas jornadas por haber sido convocado con la selección brasileña para la Copa América. Hubo un partido clave contra el Hércules, en Alicante, que el Barça perdió 2-1. Se dice que hubo una prima del Madrid para motivar al Hércules, que ya estaba descendido, pero primar por ganar, ya lo he escrito, me parece bien.

Luego llegó la noticia bomba: Ronaldo no renovó con el Barça. Sus agentes se reunieron en el club con Núñez, que era el presidente; con el gerente y con los que llevaban el dinero. Las noticias contaban que había una fractura total. Yo estaba escuchándolo por la radio, que entonces era el mejor modo de informarse, y me decía a mí mismo que era una broma de mal gusto, que no me lo creyese, que no iba a dejar que me generasen una ilusión con algo que no iba a ocurrir.

Mi miedo era que ese tío iba a estar cinco años, nos iba a quitar Ligas e iba a sumar varias Copas de Europa para el Barça.

Pero fue verdad. Así que quedé con mis amigos y lo celebramos yéndonos de copas, porque que Ronaldo se fuera al Inter era quitarse una pesada losa de encima. Ese día entendimos que, con el paso de los años, por qué no, ese puente aéreo soñado se podía cumplir y acabar en el Real Madrid. Y ese sueño solo lo podía llevar a cabo alguien como Florentino Pérez.

Recuerdo que, después de fichar a Figo y a Zidane, en mis conversaciones habituales con Florentino, me decía: «¿Y qué te parece el año que viene Ronaldo?». Y yo pensaba que era imposible quitárselo al Inter de Milán, de la Serie A, con lo que era la Serie A en ese momento, con el poder económico del Inter y la familia Moratti. Pero Florentino, tranquilo, me decía: «¿Tú crees que él no quiere venir a Madrid? Encima para jugar con Figo y Zidane... viene de cabeza».

Ese verano de 2002, el Madrid acababa de ganar la Novena con el gol mágico y galáctico de Zidane. Y pasaban los días y yo llamaba a Florentino: «Oye, que no viene, que no le deja Moratti». Y él, tranquilo: «Hasta el 31 de agosto hay tiempo». Ahí me di cuenta de cómo era Florentino como estratega y negociador. Porque yo estaba alterado, pero él no.

Aquel largo verano de 2002

Las páginas del calendario pasaban, volaban, y se acercaba el día 31. Yo estaba en el *As* y Alfredo Relaño, el director, me apretaba: «Oye, llevas semanas diciendo que viene Ronaldo, pero Ronaldo no viene». Y yo, seguro: «Alfredo, a mí Florentino me dice que viene. Y después de haber traído a Figo y Zidane, pues, sinceramente, me lo creo».

El Madrid jugaba el día 30 de agosto la final de la Supercopa de Europa contra el Feyenoord, en Montecarlo. Allá fui, como siempre desde que estaba en el *As*, para la recogida del título, porque prácticamente no recuerdo haber visto al Real Madrid perder finales. Sin embargo, de lo que menos se habló ese día fue del partido. Hubo reuniones, antes y después del encuentro, con la gente de Ronaldo y con la gente del Inter. Mientras, el Madrid ganó 3-1, con una actuación colosal de Roberto Carlos y Cambiasso, lo que es la vida. A última hora de la noche, en el hotel, Florentino me dijo: «Tomás, mañana va a ser un día muy largo. Aunque hayamos ganado la Supercopa, no te cojas el día libre porque vas a tener trabajo». Así que avisé: «Ojo, que Florentino me ha dicho esto». Sabía que estaban cerca de cerrarlo, pero el Inter seguía diciendo que no. Pedían una cantidad de dinero desorbitada y fuera de mercado.

El día 31 me tiré todo el día de guardia en el periódico, con varios compañeros apostados en el Bernabéu. Las imágenes de la negociación se volvieron míticas: Florentino, José Ángel Sánchez y Valdano, éste teléfono en mano, remangado, según se vio a través de una ventana del Bernabéu. Por la noche, me decían que la operación podía desatascarse si Morientes se iba al Barcelona; me parecía increíble, no entendía nada: ¿cómo se iba a ir al Barcelona?, ¿qué movimiento era ese...? Al final, Morientes se quedó. Y a última hora, llegó la buena nueva: Ronaldo, nuevo jugador del Real Madrid. Me volví loco. Llamé a Florentino: «¡Olé tus huevos!», porque él no dice tacos, pero yo sí. Y él, me respondió: «Si quieres, luego lo celebramos». Quedamos en el Txistu y yo llevé la portada calentita del *As*: «O rei Ronaldo», titulamos a doble página, tamaño sábana, como «O rei Pelé».

En la cena estaba todo el *staff* jerárquico del Madrid y nos pasamos la noche soñando: «¿Te imaginas el año que viene? Figo por la derecha, pase a Zidane, toque de primera para Ronaldo...». Éramos como niños, con las pupilas iluminadas y llenos de ilusión.

Ronaldo tardó en debutar porque venía con una lesión. Lo hizo el 6 de octubre de 2002, contra el Alavés en el Bernabéu. Cuatro días antes había nacido mi hijo, Marcos, en el hospital San Francisco de Asís, apenas a un kilómetro del estadio y al lado de la residencia actual de Florentino Pérez. Mi mujer, tras una cesárea, estaba hospitalizada, pero ya habían pasado varios días y estaba mejor. Por eso me atreví a decirle: «Me voy un momento al Bernabéu, debuta Ronaldo». Y ella: «¡Pero qué Ronaldo ni Ronaldo!». Pero le prometí que después del partido volvía corriendo y más o menos la convencí.

Pese a lo que yo quiero a Vicente del Bosque, que era el entrenador, temía que no lo sacase. No me falló y lo hizo, en el minuto 63, y apenas a los 30 segundos, Ronaldo marcó un golazo. Un pase de Roberto Carlos, la deja que bote y, después, una volea con la derecha y ¡bum!, el primero. Y poco más de diez minutos después, otro. Yo no podía ser más feliz: acababa de tener un hijo y Ronaldo Nazario metía dos goles con la camiseta del Real Madrid, en su estreno. La vida es blanca y bella.

De fiesta con Ronaldo Nazario

Nos hizo felices, sobre todo ese año. Ganamos la Liga de 2003, con un partido sublime y decisivo en la última jornada para el que, como he escrito en el capítulo de Hierro, Ronaldo y Roberto Carlos se concentraron la noche antes, digamos, a su manera. Por la noche, los jugadores me invitaron a la fiesta. Fue tras la noche polémica del Txistu, de la discusión de Hierro con Florentino Pérez, que no quiero recordar. Pero de fiesta con los futbolistas fue otra cosa.

Recuerdo que me acerqué a Ronaldo y le dije: «Oye, aunque durmamos poco, mañana nos vemos en las recepciones oficiales del Ayuntamiento, de la Comunidad...». «Tomas, tengo que dormir», me contestó, mientras yo le insistía en que tenía que ir, que era un acto oficial y que no se lo podía perder. «No seas pesado», me dijo. Y no, no fue. Genio y figura, sin ninguna duda.

Tras el fiasco mayúsculo de Queiroz en la 2003-04 llegó Camacho al banquillo. Ya había llegado Beckham y Florentino había juntado a todos los Galácticos. En verano, durante la concentración en Montecastillo, en Jerez, el equipo se ejercitaba. Estaban haciendo carreras alrededor del campo de entrenamiento. Camacho notó cómo Ronaldo, cuando llegaba al centro del campo, se saltaba la mitad y se unía al grupo que volvía; no había manera de que diese la vuelta entera. Creo que ya lo he escrito otras veces, pero merece la pena repetirlo aquí. Camacho le reprendió: «Ronnie, ya me lo has hecho tres veces. Te comes la mitad del campo, corre como los demás». Y Ronaldo le respondió: «Míster, ¿usted ha visto alguna vez que un pianista necesite rodear el piano para tocarlo bien?». Camacho se partió de risa. Ronnie era así y había que aceptarle como era. Y evidentemente, siguió saltándose la mitad del campo y no quiso dar más vueltas al piano.

El día que perdí la cabeza por él

A los dos años, con un Madrid en crisis, hubo un amago de que Ronaldo se marchaba al Milán. Florentino Pérez había dimitido en un año complicado y el Bernabéu le pitaba. A mí eso me dolía, porque sabía que, aunque las lesiones no le permitían ser el Ronaldo del Barça, él seguía marcando goles, consiguiendo títulos y dejando huella.

Me acuerdo de un día que hablé con él y le dije: «Ronaldo, tú no te vas del Madrid». Y él respondió: «Te lo agradezco, pero hay gente que me pita en el Bernabéu. Yo no puedo seguir así. Si el Milán me quiere, me voy». Entonces, en un acto de desesperación, le dije algo presuntuoso: «Mira, Ronaldo, deja el Bernabéu de mi parte. Te aseguro que no te va a pitar más. Pero a ti no se te ocurra firmar por el Milán. De verdad, no me toques las narices. Tú de aquí no te vas». Levanté el tono de voz; perdí un poco los papeles, la verdad, pero quería dejárselo muy claro. Un amigo común que estaba con nosotros comentó lo que le dijo Ronaldo sobre mí: «Este tío está loco. Me da hasta miedo oírle».

Pues sí, estaba loco, pero, gracias a Dios, me hizo caso y se quedó. Fue un año más, porque ya no superó el test Capello. En esa temporada, con el entrenador italiano en el banquillo, se notó que Ronaldo había cogido peso. Pero hay que decirlo: lo que él tenía es lo que se llama hipotiroidismo, una enfermedad que le afectó mucho. Es cierto que a Ronaldo le gustaban las cervezas, las hamburguesas y todo eso, pero, incluso comiendo poco, su metabolismo se descontrolaba y engordaba más de lo normal. Fue una desgracia, que le marcó mucho en esos años.

0,90 €

HOY, LA CARTILLA

Consigue con AS el forro polar oficial del Real Madrid

as

www.as.com

La derrota en Santander deja KO a Manzano

2 1

RONIE TIRÓ DOS VECES Y METIÓ DOS GOLES

MISTER INCREÍBLE

CASILLAS DESESPERÓ AL NIÑO TORRES

0 3

3 0

El Madrid le ha recortado seis puntos al Barça en cinco días

Aun así, hasta cuando parecía que estaba parado, bastaba con que le llegara un balón en una jugada con posibilidad de gol para que la enchufara. ¡Era maravilloso! Metió goles increíbles en el Bernabéu que pusieron al estadio en pie. Me acuerdo también de un partidazo en Roma, un *hat- trick* para la historia en el mítico Old Trafford, un gol memorable en el Camp Nou y otro doblete en el Calderón, en un derbi que nos dio la vida y la Liga. Ronaldo fue un lujo y un privilegio para los madridistas.

Sin embargo, es verdad que aquel año el sobrepeso pudo con él. En algunas básculas llegó a pesar más de 100 kilos. Y entonces vino su famosa «genialidad» con Capello, que también quiero repetir en este libro; para algunos fue indisciplina, pero, para mí, fue pura genialidad. Recuerdo que jugamos un partido de Copa contra el Écija en el Bernabéu. Allí empatamos a uno, con un gol de Nolito, y en la vuelta, aquí, íbamos 0-0 al descanso. Con 65 000 personas en el estadio, el ambiente era un desastre, la gente pitaba. En el descanso, Capello se acercó a Ronaldo, bastante enfadado, y le dijo: «¿No te da vergüenza? ¿Te estás viendo? Eres un gordo. Me avergüenzo de ti». Ronaldo, que era muy inteligente, no perdió los papeles: se limitó a mirarle con desprecio, pero no le dijo nada. Decidió responder en el campo. Hizo una gran segunda parte, con dos golazos en un par de jugadas de las suyas. Dejó resuelta la clasificación y se marchó sin mirar a Capello.

Las lesiones evitaron que hiciera más historia en el Madrid, porque, sin duda, era un líder. Fue campeón del mundo con Brasil dos veces, aunque en la primera, en el 94, prácticamente no jugó. Pero en la segunda no solo jugó, sino que fue un héroe; sus dos goles en la final contra Alemania, con Oliver Kahn como víctima, en el Mundial de Corea-Japón de 2002, fueron históricos.

Ronaldo ganó el Balón de Oro dos veces y nadie puede negar que fue un orgullo para los madridistas que jugara para nosotros. Un 9 irrepetible.

Datos de Karim Benzema

Posición en el campo: Delantero.
Partidos oficiales con el Real Madrid: 648.
Goles marcados: 354.
Internacional con Francia: 97 veces.

Palmarés

5 Champions Leagues.
5 Mundiales de Clubes.
4 Supercopas de Europa.
4 Ligas.
3 Copas de España.
4 Supercopas de España.
1 Liga de Naciones con la selección francesa.

KARIM BENZEMA
El gato que se convirtió en león

Aquí tenemos a un futbolista que terminó marcando una época, que se convirtió en leyenda y que se marchó por la puerta grande, pero del que hay que reconocer que tardó muchos años en romper el cascarón. Incluso gente como yo, hombres de poca fe, acabamos, gracias a Dios, creyendo en el gran Karim Benzema.

Llegó al Bernabéu en 2009, en aquel verano glamuroso de Florentino en su regreso a la presidencia, en el que, como dijo él, tuvo «que hacer en un año lo que tendría que haber hecho en tres». Llevó a cabo siete contrataciones. Evidentemente, Cristiano Ronaldo fue el gran fichaje de relumbrón. Luego estaba Kaká, que era, digamos, el segundo gran fichaje y en realidad, el fichaje más propio de Florentino, porque Mijatovic, José Ángel Sánchez y Calderón ya habían cerrado el fichaje de Cristiano Ronaldo el año antes. Lo que hizo Florentino, con inteligencia, fue ratificar un acuerdo con un jugador que terminó siendo histórico. Pero Kaká sí fue un fichaje suyo y para Florentino también era especial porque representaba la pequeña promesa de Calderón que nunca cumplió; llegó por 67 millones de euros, aunque luego las lesiones lo chafaron. Y el tercero, que se metió ahí por delante de Xabi Alonso, Arbeloa, Albiol y Granero, fue Benzema.

Karim, que llegó a llenar muchas portadas de la prensa de Barcelona, porque allí la gente veía en él a un jugón y el Barça presumió mucho de que lo iba a fichar durante un par de veranos. Con el Lyon, llegó a ganar cuatro Ligas. Era un calvito anchote de caderas pero que jugaba con mucha clase e irradiaba calidad.

Al final, el Real Madrid lo fichó por 35 millones de euros, lo que, visto con el paso del tiempo, fue un precio bastante barato. En el Bernabéu metió a 30 000 personas. No está mal: Cristiano lo llenó; con Kaká fueron casi 55 000, pero Benzema, que solamente era un *crack* para los puristas y para los especialistas del fútbol internacional, juntó a 30 000. Había bastantes expectativas con ese chico tímido llegado desde Lyon.

Un presidente del Real Madrid en tu casa

Que yo recuerde, es el único fichaje en el que Florentino, y mira que ha hecho fichajes, cogió un avión privado y se fue a la casa particular del futbolista; se reunió con sus padres y estos, sorprendidos, llamaron a Karim, que estaba fuera con los amigos. «Ven a casa, que está aquí el presidente del Real Madrid». Karim no se lo creyó y su madre tuvo que insistir. Cuando llegó, el presidente le pidió en persona que fichara por el Madrid. «Oui, oui», como se dice «sí, sí» en francés, fue lo que contestó sin titubeos.

El primer año tuvo que repartirse el pastel con Cristiano Ronaldo, Van Nistelrooy, Raúl e Higuaín. Estos dos últimos acabaron jugando más partidos que él, lo que demuestra que Pellegrini no se fiaba mucho. La segunda temporada llegó Mourinho, que dejó esa frase que ha pasado a la historia: que Benzema era un gato. «Si no tienes un perro para ir a cazar y tienes un gato, pues vas con el gato, porque solo no puedes ir. Pero es mejor cazar con perro», comentó cuando se lesionó Higuaín y tuvo que tirar de Benzema. Mucho no le convencía porque, en sus primeros años, Karim transmitía una indolencia que le perjudicaba. En la final de Valencia, contra el Barça, que ganamos 1-0 con gol de Cristiano Ronaldo, el portugués fue el único delantero puro que jugó... Y en la segunda parte salió Adebayor. Karim, ni un minuto.

Mourinho, por entonces, no se fiaba de Higuaín porque ya empezaba a estar en duda por los fallos que tenía (nunca olvidaremos el de la Champions del año anterior contra el Lyon) y a Benzema le costaba entrar en la dinámica de presionar, defender como una fiera. No iba con él; él era un artista. Como decía Pedro Ferrándiz, «jugaba con los pies de Nureyev». Y es verdad, era puro arte. Pero no le podías pedir que celebrara los goles eufórico, enloquecido, abrazándose a la grada; que gritara a los árbitros, a los compañeros o a los rivales; que fuera al partido con la pasión que, por ejemplo, le veías a Cristiano Ronaldo. Benzema era Benzema.

Mostraba cierta indolencia emocional, a veces incluso física, y eso la gente lo castigaba. Cuando dudaba y no iba a una carrera por un balón, se escuchaban algunos pitos. Pero a él parecía no importarle. Incluso, tras un verano, llegó a jugar con cinco kilos de más y, a pesar de su gran calidad, se le veía un poco pesadote.

Aun así, en 2012, que fue el año de la Liga de los Récords, metió 32 goles entre todas las competiciones. Una barbaridad. Me acuerdo de un tanto en Ámsterdam de chilena, espectacular, porque Karim siempre nos dejaba fotos para deleitarnos, aunque le faltaba la fiereza de Cristiano Ronaldo, por ejemplo. Por eso, en la Décima, pese a que fue titular, cuando había que ir por el partido a muerte, Ancelotti lo quitó para sacar a Morata: veía que Karim no era determinante. En la final de 2016, en la que fue titular, falló un mano a mano con Oblak que quizá hubiera evitado los sudores de la tanda de penaltis. En 2017, cuando también fue titular en Cardiff contra la Juve, los protagonistas fueron Cristiano, Casemiro, Modric, incluso Asensio; él tampoco facturó. La sensación era que le costaba.

Sin embargo, cuando se ponía, era la belleza pura. ¿Cómo olvidar esa jugada en el Calderón en aquella semifinal de Champions? Con Godín, Savic y Giménez, en un palmo de terreno sobre la cal, dando luego un pase a Kroos, que chutó, y despejó Oblak. El rechace del esloveno acabó en gol gracias a

Isco. Ahí acabó el sufrimiento del Madrid. Gracias a eso, llegamos a la final y ganamos la Champions. Esa jugada es de Museo del Prado. De hecho, se hizo un montaje en el que se enmarca el momento del regate en la mítica pinacoteca madrileña.

Lo que no hizo Gareth Bale

Tuvo que reivindicarse por fin, en su cuarta Champions, en la final de 2018, con un gol de pícaro a Karius. Ahí ya se notó que había dado un paso adelante. Porque en los años anteriores él no hubiera estado presionando el saque del portero rival: hubiera estado a cinco metros. Significaba, pues, que había madurado, que había entendido que tenía que cambiar el chip, que para triunfar en el Real Madrid hacía falta algo más que calidad y talento.

Pese a todo, el club siempre le defendió. Tuvo un momento muy crítico por el tema del escándalo sexual del vídeo de Valbuena, compañero suyo de la selección francesa. Él se equivocó, evidentemente, porque no debió meterse en ese fregado. Otros clubes a lo mejor le hubieran dado la espalda, pero el Madrid lo apoyó firmemente. Y eso le dio fuerza para seguir peleando.

Fue la marcha de Cristiano la que provocó un efecto brutal en el vestuario, con dos direcciones. Una, la de Gareth Bale, que, en lugar de dar un paso adelante, dio cinco atrás, se escondió y fracasó con estrépito; por eso no está en mi plantilla para este libro. Lo siento. Muchos me dirán: «Joder, metió goles importantísimos». Cuatro goles importantísimos en no sé cuántos años; no me vale. En el Real Madrid, la constancia es fundamental. Pero sí que hubo dos carreras de Benzema en el Madrid: hasta 2018 y de 2018 a 2023. En esos cinco años se destapó. Rompió con todos los moldes que conocíamos en el Bernabéu. Fueron cinco años deslumbrantes donde vimos al verdadero Benzema, que, hasta entonces, quizá estaba hibernando por la sombra tan alargada de Cristiano. Sin el portugués, disfrutamos unos años de un jugador colosal, excepcional. Me dirán ahora los que me están leyendo y me conocen: «Es que tú dudabas de él». No es que dudara de él, es que le pedía más compromiso, porque de su talento no dudaba nadie. Pero le faltaba dar ese paso adelante y decir: «Aquí estoy yo». Y por fin lo hizo con creces.

Ayudó que llegara Zidane, con quien congenió desde el primer día. Le entendió porque hablaban el mismo idioma, lingüístico y futbolístico. Era otro Benzema, el que había entrado en una dinámica gloriosa y maravillosa, como se vio, ya con Ancelotti, en las famosas remontadas de la Decimocuarta. Quedará para la memoria su obra mágica ante el PSG de Messi, Neymar y Mbappé. Primero le robó la cartera a Donnarumma. ¡Y eso nunca fue falta, que no me cuenten películas! ¡Nunca fue falta! ¡Le robó la cartera! Luego llegó el segundo gol, a pase maravilloso de Luka Modric. Y luego, en la contra siguiente, el pase de Vinicius y Benzema, metiendo la punterita, adelantándose a Marquinhos, logró un éxtasis del Bernabéu que será difícil de olvidar, consumando un *hat-trick* increíble, glorioso.

Pero, no conforme con eso, en cuartos de final tuvo otra actuación colosal en Stamford Bridge contra el Chelsea. Otro *hat-trick* increíble. Unos goles brutales. En la vuelta, el tanto de Rodrygo evitó que el Chelsea nos tumbara tras ponerse 0-3; entonces llegó la prórroga y, ahí, Benzema tiró el penalti sin titubeos. Ya no era el Benzema que dudaba, el Benzema temeroso. No, no. Era el Benzema líder, el salvoconducto de la 14.

Un Balón de Oro más que merecido

Y nos metió en semifinales. En la ida, en Mánchester, tiró otro penalti, con 4-2, a lo Panenka, que hasta hubo gente del Etihad que aplaudió. No se creían que, con todo lo que había en juego, sabiendo que entre fallar y no fallar estaba la final de la Champions (porque la vuelta en el Bernabéu hubiera sido diferente con dos goles de ventaja para el City), lo tirase a lo Panenka. Y lo metió.

Y luego llegó la final de Wembley ante el Liverpool de Klopp, donde hizo un gol que no valió, porque en ese momento ya estaba desatada la guerra entre el Madrid y la UEFA, y se tiraron con el VAR cinco minutos para anular un tanto que era legal. Karim se fue sin goles de la final de la Champions y yo creo que ese se lo hubiera merecido, porque su competición fue gloriosa. Acabó la temporada con una tarjeta de 44 goles. Hablamos de un jugador que metía unos veintitantos por temporada. Por eso fue un Balón de Oro más que merecido.

Y eso que con Francia tuvo sus idas y venidas. Apartado por el caso Valbuena, luego volvió porque Deschamps no podía cerrar los ojos ante su altísimo nivel de juego. Ahí hizo de cicerone con Mbappé. Los madridistas nos ilusionábamos viendo las concentraciones galas, porque Mbappé y Benzema no se separaban; aparecían siempre juntos en la foto, en la rueda de prensa, en las charlas del vestuario, en los jardines de la concentración en Clairefontaine. Todos veíamos, y estoy seguro de que era así, que Benzema era una especie de embajador enviado por Florentino para acercar el fichaje. Pero luego pasó lo que pasó y se fastidió todo.

En el Mundial de Catar rompió con Deschamps porque sufrió una lesión muscular al principio del torneo, antes de debutar, y él notó ahí que el seleccionador francés tenía muchas ganas de quitárselo de encima. Esa lesión le hubiera permitido jugar a partir de octavos perfectamente; sin embargo, no le dejaron: le mandaron para casa y esa fractura es definitiva. Encima, Francia casi ganó el Mundial sin él. Fue el del famoso *rush* final de Mbappé, que, si no es por Kolo Muani (¡cómo pudo fallar esa última!), hubiera dejado a Messi sin ese Mundial regalado que le dieron a costa de pitarle cincuenta mil penaltis para que lo ganara como fuera. Para regocijo del mundo catarí y del PSG.

El último año de Karim ya fue más irregular. Nos ayudó a llegar a semifinales de la Champions, pero de ahí no pasamos, porque el City nos ajustició. Ya no era el Karim de la temporada anterior, pues era imposible mantener ese nivel con 35 años. Tampoco él, físicamente, era Cristiano y ya ese último año bajó, porque tuvo varias lesiones musculares.

Quizás se equivocó al anunciar su adiós en la misma mañana del último partido de Liga, de un Real Madrid-Athletic. Tres días antes, en un acto de *Marca*, aseguró que no se iba a ningún lado. Los compañeros cometieron el error de creerle y en portada dijeron que se quedaba; en el *As* lo dejamos en duda porque la información que teníamos era que, hasta el último momento, se podía ir. El caso es que, el mismo día del partido, anunció por redes que se marchaba y, para mí, se equivocó, porque no todo el mundo está en las redes sociales y no todo el mundo se enteró. Hubo madridistas que llegaron al Bernabéu y se preguntaban por qué se le aplaudía y le manteaban: no habían visto Internet y pensaban que seguía. Aunque quizás fuera el mejor momento de separar los caminos pues ya la cuesta abajo era inevitable. No importa: para siempre nos quedará el legado de un futbolista, un mago, incomprendido por muchos, también por mí.

DATOS DE VINICIUS JR.

Posición en el campo: Delantero.
Partidos oficiales con el Real Madrid: 295 hasta la fecha.
Goles marcados: 101 hasta la fecha.
Internacional con Brasil: 37 veces hasta la fecha.

Palmarés

2 Champions Leagues.
2 Mundiales de Clubes.
2 Supercopas de Europa.

3 Ligas.
1 Copa de España.
3 Supercopas de España.

VINICIUS
Rebelde con causa

No podía faltar el discutido y controvertido pero, por lo menos para mí, amado Vinicius Júnior. Una de mis debilidades: un jugador que no deja indiferente a nadie y, quizás por eso, me gustó desde el primer día. Me pasó en su momento con Juanito y siempre me sucede con ese tipo de perfil de futbolistas que parecen estar un poco peleados con la vida y con el mundo pero que tienen un carácter forjado por la rebeldía, por intentar ser los mejores, por intentar dar todo en el campo, por intentar dejarse el alma por su ilusión y por su escudo. Igual que Juanito lo hacía en su día, así lo hace Vini.

Podemos discutir alguna gestualidad, de acuerdo. A lo mejor hay veces en que esas protestas desmesuradas que hace contra los árbitros, o contra los rivales, incluso a veces contra algún aficionado, no son lo mejor, pero hay que entender que Vinicius ha sido víctima de una situación que no estábamos acostumbrados a vivir, porque en otros tiempos no pasaba nada porque a un jugador de raza negra se le hiciera el sonido del mono. A Marcelo se lo hacían mucho en el Calderón y nadie se escandalizaba. Y lo escribo también: en el Bernabéu también se hacía con algún jugador, como Wilfred, el portero del Rayo Vallecano, o Maguy, un jugador africano que tuvo el Atlético de Madrid.

Pero Vinicius, el día que, en Valencia, señaló a tres energúmenos con el dedo, dio un paso adelante que nadie se había atrevido a dar en el fútbol hasta ese momento. Eso ha podido distraerle; quizá es una lucha que no tendría que haber asumido tan personalmente, porque es una lucha de todos.

Pero hay que estar al lado de Vinicius porque es un rebelde, para algunos sin causa, para mí con causa más que justa. Me fascina lo atrevido que es, lo descarado; es el mejor uno contra uno del mundo, con mucha diferencia. Y cómo se ha sobrepuesto a todo, a los memes y a las faltas de respeto.

Juni Calafat fue un lince y lo captó por 45 millones de euros. En ese momento iba a parecer muy caro para una apuesta por un chavalín, pero Calafat sabía que sería un jugador diferencial. Tenía de todo para triunfar. Sí, le faltaba mejorar la finalización, pero eso se entrena. Lo que no se entrena es el talento: el uno contra uno, dejar a un tío sentado en el suelo, eso no se entrena; o lo tienes o no lo tienes. Cuando llegó, estaba Lopetegui de entrenador y no le veía sitio en el primer equipo, así que se puso a jugar en el Castilla, en la Primera RFEF. Jugó cinco partidos... y metió cuatro goles. O sea, ya iba dejando claro qué clase de futbolista era. Y también lo que le esperaba.

Para empezar, un mordisco

En su debut, en el Cerro del Espino, contra el Atlético de Madrid, en un derbi de filiales, hubo un rival que le mordió la cabeza. Como lo leen ustedes. Repito: hubo un rival que le mordió la cabeza. En una disputa, acabaron en el suelo, discutieron y le mordió la cabeza. Le mordió el cráneo. Curiosamente, el árbitro también le sacó tarjeta amarilla a Vinicius. O sea, te muerden la cabeza y, por si acaso, te saco amarilla para que sepas lo que te espera.

En el primer equipo debutó, también en un derbi, en la jornada 7 de la 2018-19. Jugó solo tres minutos al salir al final por Benzema. Todos pensábamos que Julen debía sacarlo más minutos, pero lo sacaba al final de los partidos y jugaba poco.

Aunque dejaba destellos, sí que fallaba algunos goles hechos a veces y la gente empezaba a mofarse de él, pobre mío.

Yo me acuerdo de que siempre le defendí porque vi que era un jugador diferente, de los buenos. De hecho, mis compañeros del *Carrusel* de la SER me solían preguntar qué tal iba «mi sobrino». Porque, claro, me veían cómo le defendía con tal fervor que, según ellos, solo podía ser un familiar cercano. Ojalá hubiera sido mi sobrino.

A Zidane también le costó darle minutos y, aunque le daba más titularidades, no le convencía. Quien de verdad confió en él fue Solari, el entrenador puente entre Lopetegui y Zidane. El argentino hizo una cosa muy buena: apostar, de arranque y como titulares indiscutibles, por Vinicius, Reguilón y Marcos Llorente. Este último, después, se ha convertido en figura en el Atleti, Reguilón se fue a la Premier y Vinicius... bueno, qué vamos a decir de Vini.

El caso es que Vinicius empezó a sobrevivir entre memes, burlas y chanzas. Recuerdo que un día me llamó uno de sus agentes y me dijo: «Oye, Vinicius quiere conocerte, que alucina por cómo le defiendes». Le pregunté si podía ir con mis hijos, que le adoraban.

Cuando este loco madridista conoció a Vini

Así que fui a su casa en La Moraleja, donde él estaba con su gente. También estaba Guina, un brasileño, exjugador del Murcia, que se ha convertido en algo así como el asesor de todos los brasileños que llegan a Madrid. Buena gente, Guina.

En esa reunión vi que Vinicius era un chico tímido, limpio de corazón y sano. Reconozco que prácticamente solo hablé yo, que ya se sabe que hablo poco... Vini se reía mucho con mis historias de madridista loco.

Después de la comida, que fue arroz blanco y pescado (ni una gota de cerveza; de hecho, no había alcohol en la casa y fueron a comprarlo solo para mí), se puso a jugar a la PlayStation con mis hijos. Estuvo una hora con ellos, mientras yo charlaba con los demás. Al verle así me quedó claro que, pese a toda la presión, seguía siendo un niño. Había que ser de Vinicius, porque que explotara era cuestión de tiempo. Un día, durante la pandemia, antes de un partido de Champions contra el Liverpool, en Valdebebas y a puerta cerrada, le dije: «Te vas a salir, ya lo verás». Ese partido quedó 3-1: Vinicius marcó dos goles, uno tras un pase en profundidad de Kroos, y enamoró al madridismo.

Antes o después iba a salir del cascarón. En 2020 aún no era el Vinicius que conocemos y la Champions seguía resistiéndose. Pero todo cambió cuando volvió Ancelotti. Eso hay que decirlo con contundencia: fue para él como un segundo padre, porque contó con él como uno de los fijos.

Y con esa confianza, Vinicius despegó. Hizo una temporada colosal, la famosa temporada de las remontadas, en la que fue protagonista, sobre todo en el día del PSG; participó en todos los goles, desequilibró constantemente y no había quien le parase. Ese encuentro contra el PSG tuvo su continuidad en la semifinal contra el City en el Etihad: con el partido muy complicado, Mendy le dio un pase en el centro del campo, pegado a la banda; sin tocar el balón, hizo un caño dejando a Fernandinho en evidencia, se lanzó hacia una espectacular carrera de 45 metros y definió cruzado ante Ederson de manera magistral. Fue un gol glorioso, de calidad excelsa, que mantuvo viva la esperanza del Madrid en ese partido.

Pero reservó el as de oros para la final de París. Ese gol al Liverpool de Klopp, llegando al segundo palo, con el centro de Fede Valverde. Vino desde atrás, cogiéndole la espalda a Alexander-Arnold. Le comió la tostada a un defensa de fama mundial. Increíble. No fue un gol tan sencillo como parece, porque Vini llegaba en carrera y lo metió con la derecha.

Si Vini ha llegado tan lejos, en parte es por el apoyo que siempre ha tenido del Madrid. Después de lo de Valencia, tuvo un desagravio en el Bernabéu, algo que yo nunca había visto en un jugador del Madrid: el presidente lo sentó en el palco a su lado para mostrarle todo su apoyo. De parte del club no hubo titubeos ni medias tintas, porque el Madrid no quiso ser un «quedabién» y tuvo muy claro que en esa lucha contra el racismo iba a ser activo y beligerante.

Yo creo que ahí Vinicius no puede quejarse. Aunque discrepo un poco con él por cuanto dijo que España era un país racista. En España hay racistas, que no es lo mismo. Y digo más: es una minoría, por suerte; una minoría detesta-

ble, desterrada, pero una minoría. La gente en España, en general, recibe a los ciudadanos de raza negra, asiáticos o de cualquier lugar —me da igual— con respeto. Es verdad que siempre habrá un grupúsculo de gente con mala preparación intelectual que mire a las personas de manera diferente y el color de la piel será una excusa más. Pero no es un país racista, que quede claro. Es más, en su lucha no está solo: siempre estaremos con él, iremos de la mano.

Para nosotros, Balón de Oro

En cualquier caso, Vinicius era una celebridad a la que le quitaron de mala manera el Balón de Oro. Lo digo así. Rodri merecía el Balón de Oro del año anterior, claramente: fue el mejor; ganó todo con el City, metió el gol de la final contra el Inter, ganó con España la Nations League. Era un balón de oro clarísimo. Pero, curiosamente, quedó quinto. Ni siquiera fue segundo. Y, claro, ganó Messi, su majestad Messi, que no había hecho nada.

Los antimadridistas, que clamaron contra Vinicius diciendo que lo merecía Rodri, se quedaron muy calladitos ese año. Qué casualidad. Yo me alegré por Rodri, porque ese chico se merecía un Balón de Oro, aunque fuera el del año anterior. Pero es que, cuando lo ganó, fue porque se votó contra Vinicius, mucho más que un voto pro-Rodri. Querían castigar a Vinicius porque les caía mal, por sus gestos, sus luchas, su rebeldía. Y contra eso dio igual que fuera el delantero que más méritos hiciera o que fuera, como dijo la UEFA, el MVP de la Champions: ese doblete en Múnich, el segundo gol en la final de Wembley... ¿qué más podía hacer? Da igual, el Balón de Oro de Vinicius, como la Copa de Europa de la Quinta del Buitre, está en el corazón de los madridistas.

Lo proclamo desde aquí: estoy orgulloso de que mi sobrino Vinicius Júnior sea el estandarte del Real Madrid.

Datos de Cristiano Ronaldo

Posición en el campo: Delantero.
Partidos oficiales con el Real Madrid: 438.
Goles marcados: 451.
Internacional con Portugal: 216 veces hasta la fecha.

Palmarés

5 Champions Leagues.
5 Mundiales de Clubes.
4 Supercopas de Europa.
4 Ligas.
3 Copas de España.
4 Supercopas de España.
1 Liga de Naciones con la selección francesa.

CRISTIANO RONALDO
Te debemos un homenaje

¿Cómo no cerrar mi plantilla soñada, con la que voy a luchar por todos los títulos, con el mejor y más descomunal delantero que han visto mis ojos en mis 60 años de existencia? Cristiano Ronaldo, una fuerza superior de la naturaleza, una mentalidad inquebrantable, un orgullo competitivo sin igual; un afán por luchar, por ser el mejor y, a su vez, por hacer mejores a sus compañeros. Un depredador de títulos, de récords colectivos e individuales, y un futbolista, para mí, sin igual.

Aún le hemos visto, ya con 40 años encima, seguir batiendo récords, siendo el mejor y el máximo goleador. Y con su selección portuguesa, le veremos en el Mundial de Estados Unidos, Canadá y México, no me cabe la menor duda.

Cristiano se ganó por derecho propio un lugar en el olimpo de los madridistas, a pesar de que no se explicó bien su marcha. Incluso en algunos sectores del madridismo había discrepancias, porque quisieron atribuirlo a un tema puramente económico, y nada más lejos de la realidad.

Pero lo importante es explicar la grandeza de este chico por jugar en el Real Madrid, porque, a diferencia de otros, como Vinicius, Rodrygo, Valverde, Marcelo, Casemiro e incluso Modric o Benzema, que no habían llegado a la megaélite cuando ficharon por el Madrid y vinieron para hacerlo, Cristiano Ronaldo vino pese a que era un ídolo del Manchester United y había conquistado ya la Champions y el Balón de Oro.

Es decir, él no aterrizó aquí como Mbappé, soñando con ganar un día la Champions y el Balón de Oro porque en el Madrid es más fácil conseguirlo. Él ya tenía las dos hojas más gordas del currículum, así que pudo haberse quedado en el Manchester United, donde era adorado, y haber hecho su carrera allí. Sin embargo, se vistió de blanco porque, desde pequeño, sabía que el Madrid era lo más grande que hay, lo cual demuestra sus conocimientos y su cultura futbolística, algo de agradecer.

Un joven que prometía mucho

Es curioso porque Cristiano pudo haber llegado muchos años antes. Un amigo, Pedro de Felipe, gran central del Madrid (y titular en la sexta Copa de Europa, de 1966), canterano del Madrid y un agente reputado, me dijo: «Tomi, tú, que tienes confianza con Florentino Pérez, dile que hay dos portugueses, todavía críos, que van a marcar una época. Uno se llama Cristiano Ronaldo y el otro Quaresma». Es verdad que, como he contado, en aquella época, yo tenía una relación muy estrecha con el presidente del club.

En el caso de Quaresma no acertó, pero con Cristiano lo clavó. Y yo pregunté: «¿Cuánto valen?». «Nada, por cinco millones de euros tienen a cada uno», me respondió. «El chaval Cristiano está en el Sporting de Portugal y va a ser un goleador increíble, ya lo verás. Díselo a Florentino: por cinco millones, será la mejor inversión en mucho tiempo».

Se lo dije al presidente y lo primero que me contestó fue: «Seguro que De Felipe quiere colocárnoslos». Yo insistí con una mentirijilla piadosa: «No, no, me llegó por un amigo de Portugal que habla muy bien de los dos, pero sobre todo de Cristiano». No cuajó porque, en aquella época, Florentino tenía la política de fichar galácticos. Así que me dijo: «Mira, cuando destaque de verdad y cueste 80 o 90 millones, lo ficho. Pero ahora, un chaval que es una promesa...».

Claro que, si Florentino hubiera tenido una bola de cristal, evidentemente, habría fichado a Cristiano por cinco millones de euros al Sporting de Portugal. Quien lo hizo finalmente fue el Manchester de Alex Ferguson, que tuvo esa visión, le cuidó bien y le sacó una gran rentabilidad, incluida una Champions. Lo que quiero decir es que, desde entonces, los caminos de Cristiano Ronaldo y el Madrid estaban destinados a cruzarse.

Al final, llegó en 2009, pero en 2008 ya estaba prácticamente fichado. Mijatovic y Carlos Bucero, que ahora es director general del Atlético de Madrid, se movieron muy bien entre despachos, junto con Jorge Mendes, que tenía buena relación con Ramón Calderón. Calderón dio luz verde para que José Ángel Sánchez negociara directamente con Ferguson y con el United, y cerraron un acuerdo para que Cristiano llegara en el verano de 2008.

Lo que ocurrió ya lo he contado: una indiscreción de Ramón Calderón en una comida hizo que nos enterásemos y, en pleno parón navideño, cuando apenas hay noticias, publicamos que en junio llegaría Cristiano. Y cometimos el error (bueno, error sin saberlo) de mencionar la cantidad acordada.

La cifra fijada era de 70 millones de euros. En el Manchester ya habían dado el visto bueno y, efectivamente, estaba todo cerrado. Pero había una cláusula que decía que, si la cifra se filtraba, se rompía el acuerdo. Posiblemente, esa es la exclusiva que más me ha dolido en mi vida, porque perdimos un año de Cristiano. Qué le vamos a hacer, uno es periodista.

Desde entonces doy vueltas a una idea: esa final de la Champions la jugó en Roma y la ganó por 2-0 el Barça de Guardiola contra el Manchester United de Cristiano. Siempre he pensado que, si en lugar del Manchester, CR7 hubiera jugado en el Real Madrid, habríamos sido nosotros los que hubiéramos llegado a esa final... La habríamos ganado y habríamos evitado el sextete del Barça. Todo esto, claro, son solo cábalas. Pero insisto: yo era periodista, aunque maldita exclusiva y maldito el momento en el que Calderón me lo contó.

El caso es que, un año más tarde, Florentino volvió a la presidencia. El Manchester United le recordó el pacto y estuvo dispuesto a mantenerlo, aunque no pasaba nada si se rompía. Florentino entendió que Cristiano era un fichaje colosal, aunque le parecieron algo caros esos 94 millones de euros, más otros dos que había que pagar al Sporting de Portugal por el derecho de formación; en total, 96 millones, que lo convertirían en el fichaje más caro de la historia del Madrid. Florentino dudó al principio, incluso amagó con dejar pasar la operación. Boluda, que era presidente de transición, no entendía cómo se podía perder un fichaje tan bueno. Pero, cuando Florentino vio que el acuerdo podía romperse, reaccionó bien y cerró el fichaje.

No hace falta recordar aquella presentación gloriosa e inolvidable, el 6 de julio de 2009. Fue, sin duda, la más ilusionante de mi vida. Hay una foto en la que se me ve en la pasarela, mirando a Cristiano Ronaldo con una cara del niño que está viendo a su héroe de Marvel. Cuando gritó «¡1, 2, 3: hala Madrid!», flanqueado por dos leyendas como Di Stéfano y Eusebio, me derretí.

Unas horas antes, había estado con él en el hotel Mirasierra Suites. Me recibió en su habitación, que no era especialmente lujosa, aunque sí grande y funcional. Hablamos un rato y noté una conexión inmediata. Cristiano percibió que yo estaba más que emocionado; parecía un auténtico fan. Y yo, mientras, solo podía pensar: «Este tío va a jugar en el Madrid. ¡Qué bueno es!».

Ese primer año empezó bien, aunque no sin problemas. Diawara, del Olympique de Marsella, le dio una patada rastrera al tobillo y lo dejó fuera de juego durante dos meses. Fue la lesión más importante que sufrió en sus nueve años en el Real Madrid; el resto fueron pequeñas molestias musculares de dos o tres semanas. Cristiano era tan profesional y se cuidaba tanto que era casi imposible pararlo y lesionarlo.

Su única lesión

A pesar de esos dos meses de baja, ese año metió 33 goles. Sin embargo, ese peaje físico le pasó factura y el Madrid quedó eliminado en la Champions frente al Lyon, porque no estaba al cien por cien. Aun así, firmó una liga excelente con Pellegrini, logrando 96 puntos. Pero el Barça hizo 99. Esos 96 puntos habrían sido suficientes para ganar la Liga en cualquier otra temporada.

El primer año se asumió como uno de transición. Pero, a partir de 2010, Cristiano irrumpió con fuerza, explotó y fue imparable. Durante ocho años consecutivos, nos deslumbró. Cada fin de semana era un «clínic» de lo que significa ser el delantero total. Nos dejó noches inolvidables, como los *hat-tricks* al Atlético en el Calderón o las exhibiciones en semifinales de Champions. O aquel gesto en el Camp Nou, para ganar un Clásico, tras un pase de Özil: moviendo la mano de arriba abajo, pidiendo calma a la grada. Fue la famosa Liga de los Récords.

Cristiano representaba el espíritu del Madrid: aquí nadie se rinde. Cuando el equipo encajaba un gol, él gritaba, animaba a sus compañeros con esa mentalidad ganadora: «¡Foda-se! ¡Vamos, caralho!». No había partido pequeño para él.

Cristiano nació para ser el mejor. Y para ganar. Y ganó mucho. Tanto como cuatro Champions en cinco años.

Entre 2014 y 2018, sumó cuatro Champions y otros tantos Balones de Oro. Fagocitó, minimizó y dejó en segundo plano lo que iba a ser, teóricamente, la era de Messi y del Barça; concedo que, en España, no le fue mal, pero, en cuanto a Champions, cuidado. La gente olvida que Messi ganó solo tres: en 2009, 2011 y 2015. Con buenos jugadores alrededor, no pudo ni siquiera llegar a dos finales seguidas. Nunca. Cristiano, en cambio, se llevó cuatro Champions en cinco años y tres finales consecutivas. Y, además, siendo el máxi-

mo goleador de esas ediciones, batiendo récords como los 17 goles en la temporada 2013-14. Cristiano era único.

Su famoso «¡siiiiiuuuuu!» representa todo: poderío, admiración, orgullo...

Por supuesto que también tuvo malos días. Es difícil de olvidar aquel 4-0 en el Calderón el día de su 30 cumpleaños, cuando sufrió la mayor injusticia que he visto contra un futbolista. Cristiano había organizado una fiesta para 300 personas, muchas de ellas amigos de fuera de España, por la noche. El partido se había jugado a las 16:00; es decir, no pasaba nada por celebrarla. Él no tuvo la culpa de que un cantante, presuntamente majo, que resultó ser un traidor y un chaval poco profesional llamado Kevin Roldán, filtrara vídeos de lo que era una fiesta privada. Sí, Cristiano estaba bailando por la noche; bueno, ¿y qué? Yo también habría hecho lo mismo. Es más, ese día hice lo mismo. Tenía programada una fiesta con muchísimos amigos en el hotel Arcipreste de Hita, en la sierra de Madrid, en donde en los años 70 se concentraba el Real Madrid. Y después de la derrota clamorosa y vergonzosa, estábamos llenos de rabia, pero las horas pasaban y a las diez de la noche ya estábamos bailando, y más tarde, nos pusimos a bailar sobre la nieve. Hay que vivir. Además, hicimos un cálculo por el que nos entró la risa, claro: en Champions, en ese momento, la cuenta era de 10-0 entre el Real Madrid y el Atlético. Ahora son 15-0. O sea, que tampoco había que amargarse tanto. Pero a Cristiano se le penalizó con eso, aunque luego Ancelotti lo supo arropar.

Cuando terminó esa temporada, el Madrid no ganó ni Liga ni Champions ni Copa. Y a pesar de todo lo que había dado, decidieron destituir a Ancelotti. Para mí, fue un error. Cristiano, demostrando que era un buen tipo, subió una foto con él en el vestuario y escribió: «Míster, espero verte después de las vacaciones». Ese gesto dice mucho de lo que era Cristiano como persona.

Yo sé muy bien cómo es: lo he contado, pero lo voy a escribir de nuevo. Una vez, Mendes me dijo: «Si quieres que tu hijo conozca a Cristiano, dile que venga a comer un día a su casa».

Una comida en casa de Cristiano Ronaldo

No me lo podía creer, pero dije a mi hijo Marcos: «Hoy vamos a ir a una peña en Madrid. No hace falta viajar lejos»; fue mi mentira piadosa.

Antes de ir, pasamos por la tienda del Bernabéu. Le compré el uniforme completo de Cristiano, el traje rojo de ese año, de arriba abajo: camiseta, pantalón, medias... espectacular. Íbamos en el taxi y, al llegar a La Finca, la urbanización más lujosa de Madrid, mi hijo me preguntó: «Pero ¿esto es una peña? Qué rara. ¡Si esto son chalés de lujo!». Él estaba acostumbrado a las peñas de los pueblos, con su bar y sus 200 personas tan felices. Le contesté que también había peñas con mucho dinero.

Cuando llegamos a la casa, nos recibió Jorge Mendes y a mi hijo le conté que él era el presidente de la peña. Nos invitó a pasar y, cuando se abrió la puerta de la casa, vimos en la entrada unos cuadros muy bonitos colgados y, al fondo del pasillo, estaba él, Cristiano, con su niño pequeño, Cristiano Júnior, que por entonces tendría 4 o 5 años, no más. Nunca olvidaré la cara de mi hijo. Tenía los ojos como platos, fascinado. «¡Es Cristiano, es Cristiano!», decía. Y Cristiano Ronaldo se acercó y le dijo: «Chaval, chaval, ven aquí, anda, dame un abrazo». Mi hijo, emocionado, fue hacia él, le dio un abrazo y luego no le dejaron de temblar las piernas durante toda la comida.

Comí con Cristiano Ronaldo, Jorge Mendes, la mujer de Mendes, mi mujer y mi hijo. Cristiano quiso sentarse al lado de mi hijo y durante la comida no paró de darle consejos. Le dijo que estudiara; que, aunque le gustara el fútbol, primero debía terminar sus estudios. Le contó que él, a su edad, ya estaba en Lisboa, prácticamente exiliado para poder mantener a su familia jugando al fútbol. Pero también le confesó que se había arrepentido de no haber tenido una infancia normal, que desde los nueve años había vivido como un adulto. Aquello me llegó al alma.

Eso era fuera, tan genial como en el campo. No olvido esa comida ni ese cuarto gol en la final de Lisboa o el último penalti de la final de San Siro, el de la gloria ante el Atleti del Cholo conquistando la Undécima, que metió sin titubear. He visto a muchos fallar en esa situación de máximo estrés. En Cardiff, en la Duodécima, marcó dos goles y fue el MVP y máximo goleador de esa Champions. Lo que hizo en esa época, como la chilena de Turín, el año siguiente, con todo el estadio aplaudiéndole, fue inolvidable. El mejor gol de siempre.

Cinco millones forzaron su adiós

Pero antes, en Cardiff, Florentino estaba orgulloso, eufórico, y durante una conversación con él le prometió mejorarle el contrato. Ganaba 21 millones netos en ese momento, mientras Messi estaba en 55. Cristiano, sabiendo que no podía alcanzar lo de Messi, pidió un aumento razonable, como era subir a 30. Pero el club le ofreció solo 25, argumentando que darle más desequilibraría los salarios de la plantilla. Cristiano, que nunca se movió por dinero, se sintió ofendido: no entendía por qué no se le daba el cariño que sí recibía Messi en el Barça, aunque, en ese caso, fuera desmesurado.

Lo que pasó un año después fue ridículo. El Madrid fichó a Hazard por 100 millones, un fichaje que salió rana. Es verdad que en ese momento no lo parecía, pero la realidad es que salió mal. Con una pequeña parte de ese dinero, podrían haberle subido el sueldo a Cristiano. Como no lo hicieron y él no se sintió valorado después de nueve años increíbles, decidió marcharse.

Cristiano dio al Madrid cuatro Champions, incontables Pichichis, Botas de Oro y Balones de Oro. Su grandeza es incuestionable. Por eso, siempre lo he dicho: en mi plantilla, Cristiano tendría cheque en blanco. Y estoy seguro de que, un día, Florentino le hará el homenaje que merece en el Bernabéu, como se hizo con Raúl. El Bernabéu le debe un último abrazo al grito de «¡siiiiiuuuuu!».

Sé que algunos, al llegar a este punto del libro, se preguntarán cómo no ha entrado Kylian Mbappé en esta historia. La respuesta es sencilla. Este libro tiene un peso histórico, es un reflejo de la grandeza vista a través del retrovisor, un homenaje a las leyendas y a quienes han dejado huella en este club. Aquí están los gigantes, aquellos que han construido su legado con títulos, esfuerzo y sacrificio, los que han marcado una era y han forjado el prestigio de esta institución.

Por supuesto, Mbappé acabará formando parte de este selecto grupo. No solo será mencionado en un libro sobre la mejor historia del Real Madrid, sino que, con el tiempo, habrá que dedicarle una obra completa, porque estoy convencido de que nos regalará días de gloria y muchas alegrías en el Santiago Bernabéu. Sin embargo, creo que es importante ser justos, comedidos y coherentes. Las cosas, como los buenos vinos, necesitan tiempo para madurar hasta alcanzar su punto óptimo. Solo entonces podremos afirmar con certeza que Mbappé se ha convertido en una auténtica leyenda, como los 32 jugadores que ya figuran en este libro y cuyo legado es imborrable.

Kylian, eres uno de los nuestros y pronto tendrás un lugar a la altura de tu grandeza. Pero, primero, hay que ganárselo con un buen saco de títulos y goles. De eso, no tengo dudas: sé que nos alimentarás con tu talento durante muchos años.